D1749431

Manfred Söhner

CARACALLA THERME

Baden-Baden

Geschichte · Gegenwart · Zukunft

deutsch - englisch - französisch - russisch

Mit freundlicher Unterstützung

Caracalla Therme
BADEN-BADEN
Das Bad von Welt

AQUENSIS

Inhaltsverzeichnis

■ Einleitung

4   Caracalla Therme Baden-Baden: Ein Tempel für Körper, Geist und Seele
        A temple for the body, spirit and soul - Un temple pour le corps, l'esprit et l'âme - Храм для тела, души и духа

8   Wasser: Das große Geschenk der Natur
        The big gift of the nature - Le grand don de la nature - Великий дар природы

■ Geschichte

14   Bädertradition: "Salus per Aquam" und ein römischer Kaiser
        "Salus per Aquam" and the Roman emperor - Le "Salus per Aquam" et l'Empereur romain -
        „Salus per Aquam" «Исцеление водой» и один римский император

20   Bäderstadt Baden-Baden: Baden, essen, trinken und mancherlei Kurzweil...
        Bathing, eating, drinking... - Prendre les bains, manger et boire... - Купаться, есть, пить...

22   Pläne: Die Bäderstadt plant ihre Zukunft
        The spa town plans its future - La cité balnéaire planifie son avenir - Город-курорт планирует свое будущее

24   Architektur: Charakter und Qualität im Detail
        Character and quality in detail - Revue de détail des Spécificités et qualités - О Концепции и качестве подробнее

30   1985: Die neue Caracalla Therme
        The new Caracalla Thermal - Les nouveaux Thermes de Caracalla - Новые Каракалла Термы

38   1985 – 1994: Ein neues Wahrzeichen Baden-Badens
        A new landmark - Un nouvel emblème - Новый символ города

46   Weichenstellung: Die Bäderstadt im Umbruch
        The changing spa town - La cité balnéaire dans la tempête - Переломный период в жизни курортного города

Gegenwart

50 Aufbruch: Die neue Bäder-Philosophie
The new spa-philosophy - La nouvelle philosophie balnéaire - Новая философия термальных купаний

57 Wellness-Welt Caracalla Therme: Balsam für Körper, Geist und Seele
Balm for body, spirit and soul - Baume pour le corps, l'esprit et l'âme - Бальзам для тела, духа и души

Zukunft

73 Den Mythos jung erhalten: Neue Akzente für die Kultur des Wohlfühlens
New accents for the wellness culture - Les nouveaux accents de la culture du Bien-être -
Новые акценты культуры пространства хорошего самочувствия

Auf einen Blick

78 Übersicht:
Badelandschaft, Saunalandschaft, ArenaVita, CaraVitalis

84 At one sight:
Bathing Area, Roman Saunascape, Facilities ArenaVita, CaraVitalis Health and beauty treatment

88 En un coup d´oeil:
Espace aquatique, les saunas romians, offre d'ArenaVita, CaraVitalis Wellness et Thérapies

92 Краткий перечень
Краткий перечень всех предложений в Каракалла Термах, Краткий перечень саун в Каракалла Термах,
ArenaVita – краткое описание, CaraVitalis – краткое описание

Caracalla Therme Baden-Baden

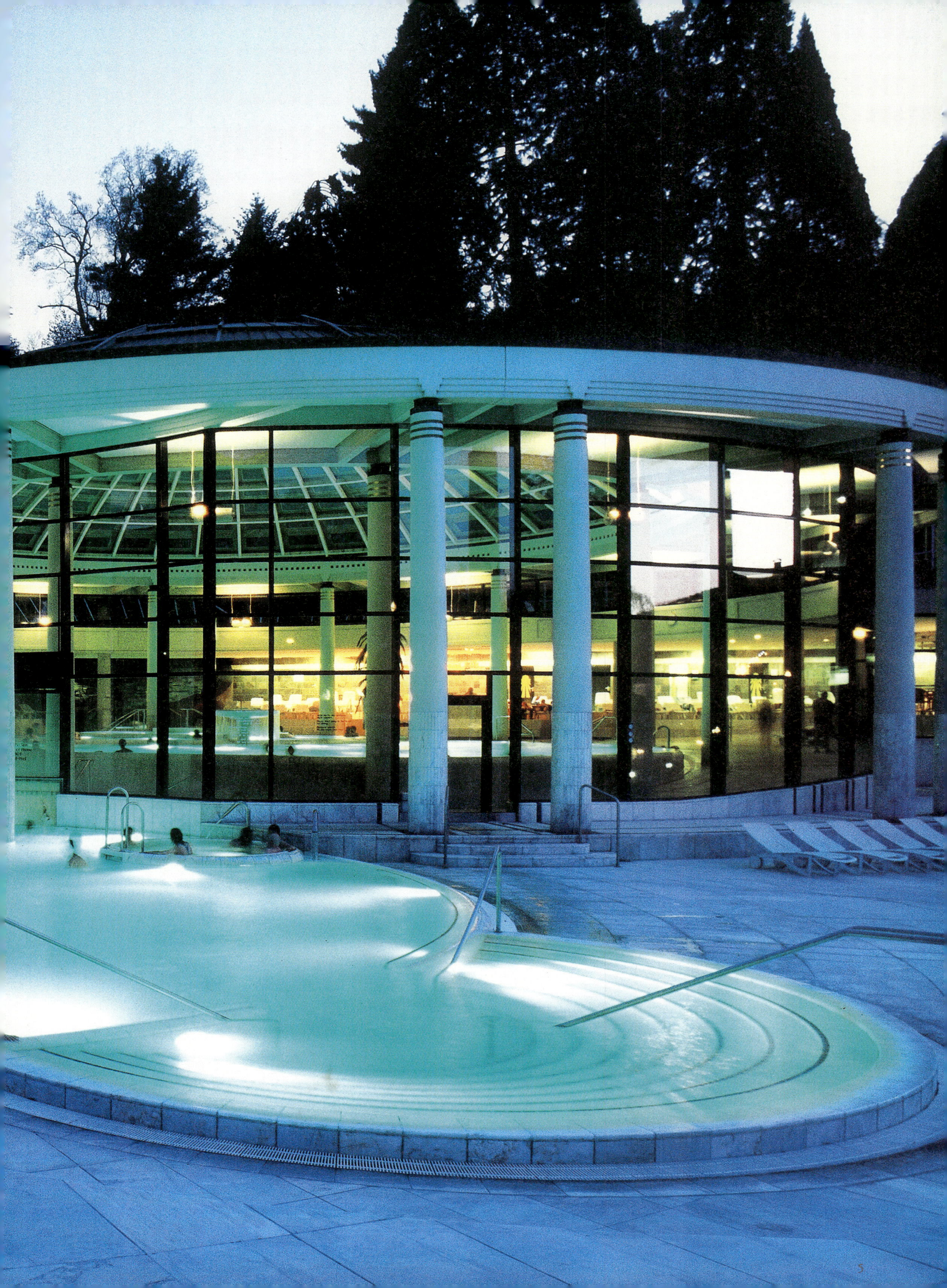

CARACALLA TH

Ein Tempel für Körper, Geist und Seele

Freude, Begeisterung und Stolz herrschten im August 1985 in Baden-Baden: Mit einem dreitägigen Stadt- und Bäderfest feierte die Kur-, Kongress- und Urlaubsstadt die Eröffnung ihrer Caracalla Therme, dem neuen, glänzenden Bäder-Juwel der Stadt.

Es hatte während Planung und Bau des neuen Thermalbades immer wieder kritische Stimmen zu Standort, Konzeption und Architektur, vor allem aber zu den gestiegenen Baukosten und den offiziellen Erwartungen gegeben. Während dieser drei Tage aber herrschte Freude und Fröhlichkeit statt Skepsis und Kritik. Selbst das Wetter feierte mit, strahlender Sonnenschein tauchte Baden-Baden in helles Licht.

Doch weder die "römischen Legionäre", die mit Pauken und Trompeten durch die Stadt zur Therme zogen, noch die rund 100.000 Fest-Besucher, weder die zahlreichen Journalisten noch die etwa 300 geladenen Gäste des offiziellen Festaktes im großen Kuppelbau der Caracalla Therme, und auch nicht der Vorstand der damaligen Bäder- und Kurverwaltung Baden-Baden, Dr. Sigrun Lang, oder Oberbürgermeister Dr. Walter Carlein konnten an diesem Tag erahnen, welche Bedeutung diese Therme schon kurze Zeit nach ihrer Eröffnung haben würde: sowohl für Baden-Baden, das einen neuen Aufschwung als Bäderstadt nahm, als auch für eine zukunftsweisende Bäder-Architektur und neue Bäderkultur.

Das Bad wurde schnell zum Studienobjekt nationaler und internationaler Bäderfachleute, zum Vorbild für neue Bäderkonzeptionen und -bauten im In- und Ausland, vor allem aber wurde die Caracalla Therme Baden-Baden das Sinnbild für eine neue Thermalbad-Philosophie.

"Gesundes Baden, das Freude macht" war vom ersten Tag an – dem 19. August 1985 – das Motto der Caracalla Therme, und ein Wellness-Tempel ist sie heute mehr denn je, die "Mutter aller Thermen der neuen Bädergeneration".

A temple for the body, spirit and soul

Pleasure, enthusiasm and pride were prevalent in Baden-Baden in August 1985: Making a three days party the city celebrated the opening of its Caracalla Thermal, although there have been critical voices again and again, specially relating to the increased construction costs.
Nobody could foresee that day, which importance this hot spring thermal would have short time after its opening: both for Baden-Baden, which had a new swing up as spa-town, and different spa architecture and a new spa culture.

Un temple pour le corps, l'esprit et l'âme

En août 1985, une grande joie et une grande effervescence mêlées de fierté régnaient à Baden-Baden: La ville fêtait pendant trois jours, l'inauguration des Thermes de Caracalla (et ce malgré les voix critiques dues au dépassement du devis initial de la construction).
Personne ne pouvait se douter de l'impact de l'ouverture de ces thermes : non seulement pour Baden-Baden, qui prit alors une nouvelle dimension en tant que ville thermale, mais également pour le développement d'une nouvelle architecture et d'une nouvelle culture balnéaire.

Храм для тела, души и духа

Радость, гордость и воодушевление царили в Баден-Бадене в августе 1985 года. Трехдневным праздником отметил город открытие купален Каракалла Термы, хотя до этого постоянно звучали критические высказывания по поводу растущих затрат на строительство.
В тот день еще никто не мог предвидеть, какое значение будут иметь эти купальни уже в скором времени после их открытия как для Баден-Бадена, еще раз подтвердившего свою репутацию первоклассного курорта, так и для поиска новых путей развития архитектурных форм, а также в качестве новой ступени в культуре термальных купаний.

Wasser

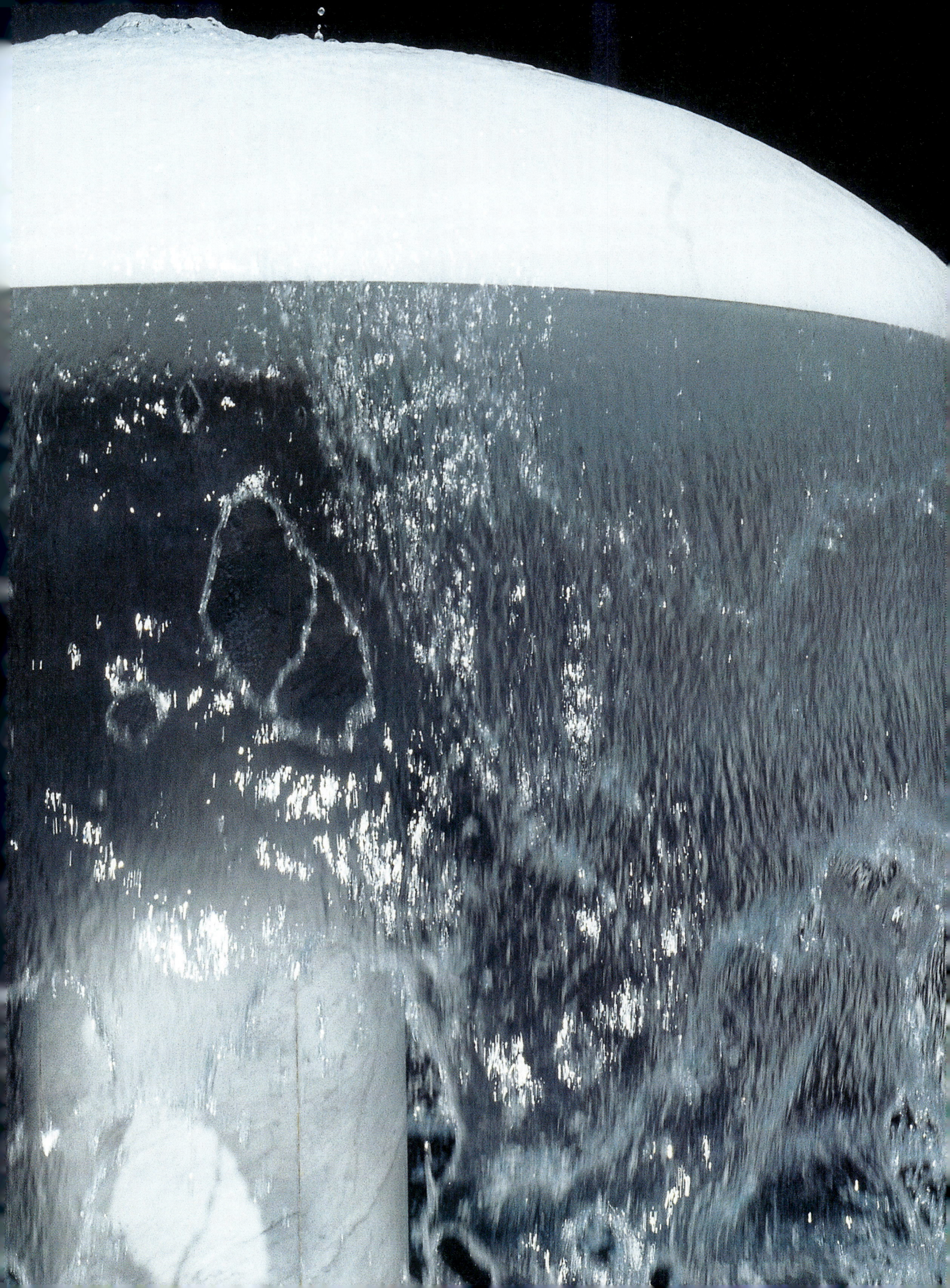

Das große Geschenk der Natur

Das muss auch den Römern aufgefallen sein, dass Baden-Baden von der Natur bevorzugt ist: Im windgeschützten Tal des kleinen Flüsschens Oos gelegen, umrahmt von den bewaldeten Höhen des Nordschwarzwaldes, offen zur Rheinebene, herrscht hier ein mildes, fast mediterranes Klima mit einem frühen Frühjahr und einem langen Herbst. Das größte Geschenk aber, das die Natur diesem Fleckchen Erde gab, sind die heißen Thermalquellen ("Natriumchlorid-Thermen").

Vielleicht war es so, wie es eine Sage erzählt, dass der Herr des nahen Mummelsees drei junge Männer – nachdem diese den Verlockungen der Mummelseenixen erlegen waren – aus den unergründlichen Tiefen des Sees entlassen und ihnen drei Steine sowie eine Prophezeiung mit auf den Weg gegeben hat: Sobald einer der Steine die Erde berühren würde, würde aus dieser Erde heißes Wasser sprudeln! Auf dem Weg durch das Tal der Oos fiel einer dieser Steine zu Boden...

Seit Urzeiten sprudeln hier die heißen, heilenden Quellen. Zu Füßen des Neuen Schlosses, am Südosthang des Florentinerberges, liegt der historische Thermalquellenbezirk Baden-Badens mit seinen ungewöhnlich heißen Quellen. An diesem Hang herrscht ein außergewöhnliches Mikro-Klima mit mediterranem Pflanzenbewuchs, den man in diesen Breiten ansonsten nirgendwo findet.

Zwölf Quellen werden hier am Florentinerberg im Jahr 1625 genannt, im 19. Jahrhundert wurden die wichtigsten Quellen in zwei Stollensysteme neu gefasst. Die Schüttung beträgt 9,4 Liter in der Sekunde, über 800 Kubikmeter Thermalwasser werden täglich erfasst, "wilde" Thermalwasseraustritte nicht mit gerechnet. Das Alter dieser Quellen schätzen Fachleute auf etwa 12.000 bis 17.000 Jahre.

Zwischen 52 und 68 Grad Celsius heiß tritt das Baden-Badener Thermalwasser artesisch an die Oberfläche. So heiß wie nirgendwo sonst im Vergleich der natürlichen Thermalquellen in Baden-Württemberg. Und auch in Bezug auf den Mineralisationsgrad liegt das Baden-Badener Wasser mit 2680 bis 3522 Milligramm je Liter im Landesvergleich an der Spitze. Eine der fühlbaren Eigenschaften dieses Thermalwassers ist seine samtige Weichheit, die unmittelbar auf der Haut zu spüren ist.

Im Bäderkalender des Deutschen Heilbäderverbandes werden für das heiße, heilende Thermalwasser Baden-Badens unter anderem die folgenden Heilanzeigen genannt: Erkrankungen der Stütz- und Bewegungsorgane, chronisch entzündliche rheumatische Erkrankungen, degenerative Erkrankungen der Gelenke und der Wirbelsäule, Nachbehandlung nach Operationen und Unfallverletzungen an den Bewegungsorganen, funktionelle Kreislaufstörungen, Erkrankungen des Nervensystems, Frauenleiden.

Daneben wird dem Baden-Badener Thermalwasser seit jeher vor allem auch unterstützende Wirkung im "Anti-Stress-Programm" zugesprochen. Was in den letzten Jahrzehnten mit den Begriffen "Unterstützung zur Leistungssteigerung", "Vorbeugung bei zu erwartenden Belastungen" oder "Hilfe bei Erschöpfungszuständen des modernen, einseitig überforderten Menschen" umschrieben wurde, ist heute mit der zusammenfassenden Vokabel "Wellness für Körper, Geist und Seele" treffend beschrieben.

Seit jeher wird das Baden-Badener Thermalwasser nicht nur zum Baden und zur Inhalation, sondern auch für Trinkkuren genutzt. Wer das Wasser probiert, stellt einen ungewöhnlichen, leicht salzigen Geschmack fest. Balneologisch bedeutsam sind außerdem die hohen Anteile von Fluorid und Lithium.

Wer möchte, kann am Trinkbrunnen der Fettquelle an den Dernfeldstaffeln im Bäderviertel das Thermalwasser kosten, am Reiherbrunnen in der Sophienstraße, in der historischen Trinkhalle und natürlich im Friedrichsbad sowie an den drei Trinkbrunnen in der Caracalla Therme.

Neben Friedrichsbad und Caracalla Therme erhalten nach alten Wasserrechten noch einige "Fremdabnehmer" in Baden-Baden das Wasser aus dem Florentinerberg.

Ein Wahrzeichen Baden-Badens und viele Jahre lang das Senderbild des ehemaligen Südwestfunks ist der mit heißem Thermalwasser gespeiste und daher bei kalter Witterung "dampfende" Dreischalenbrunnen im Garten des Steigenberger Hotel Badischer Hof.

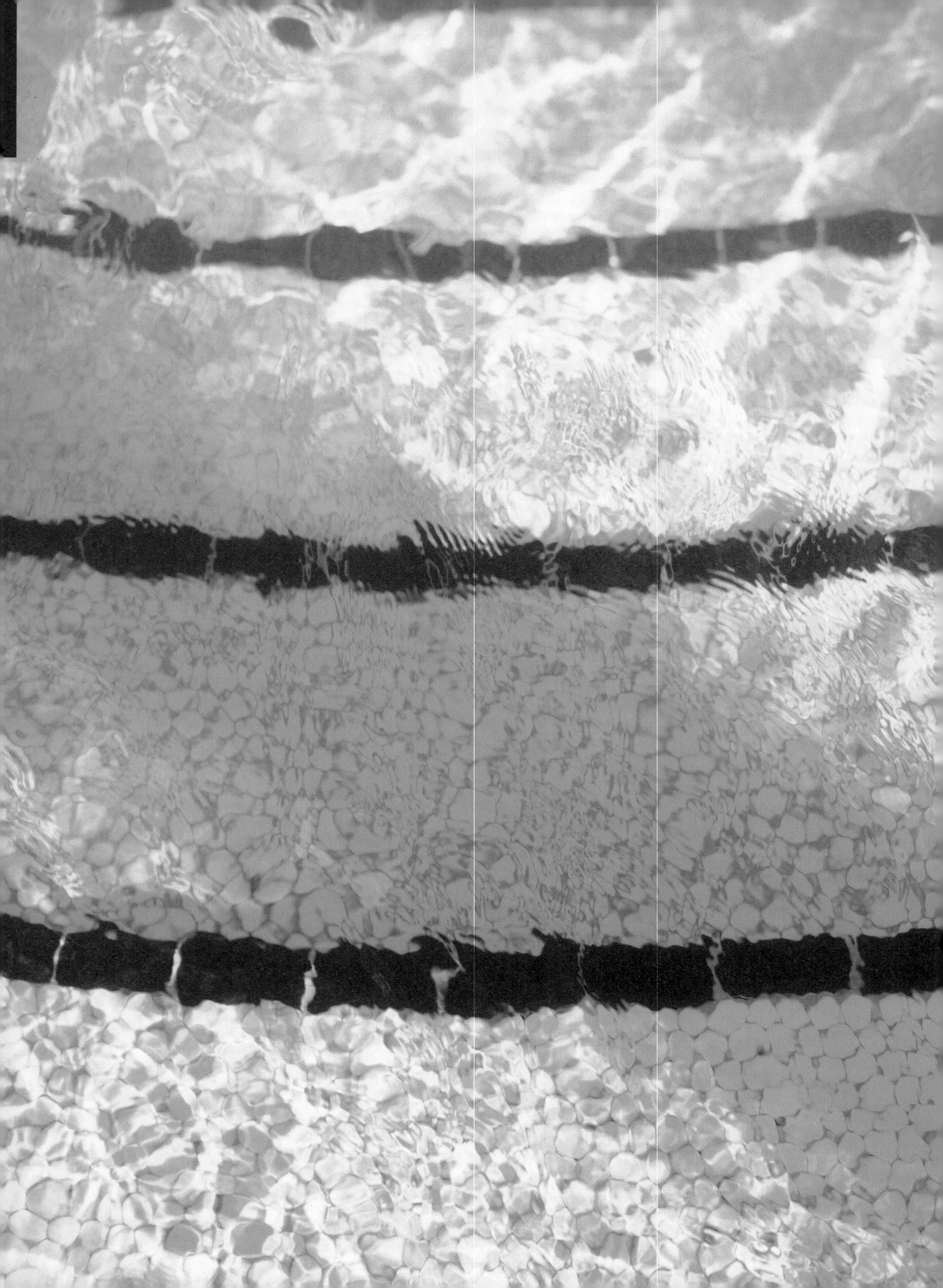

The big gift of the nature

Reframed by the wooded hills of the northern Black Forest, in Baden-Baden a mild, almost Mediterranean climate is prevalent. But the biggest gift is the hot thermal spring water.

Since primeval times hot springs are bubbling at the bottom of the Old Castle. Daily, more than 800 cubic meters of thermal spring water are recorded with a heat of 52 to 68 degrees.

Among others the following healings are named: chronic ignition, rheumatic and degenerative diseases of the ankles and of the spinal column, functional faintness, diseases of the nervous system and gynecological disorder.

Additionally a supporting effect at the "anti-stress-program" is granted to the thermal spring water of Baden-Baden. Today this is well known as "wellness for body, spirit and soul".

The thermal spring was has always been used for dinking cures. People, who want to, can try the healing water at the Friedrichsbad or at the three drinking fountains in the Caracalla Thermal.

By the way: the Dreischalen-Fountain, which is a landmark of Baden-Baden, is fed with hot thermal spring water.

Le grand don de la nature

Encadré par les hauteurs boisées du nord de la Forêt Noire, le climat de Baden-Baden est doux, presque méditerranéen. Mais le plus grand cadeau de la nature sont les sources thermales.

Depuis l'époque la plus reculée, les sources chaudes jaillissent au pied du Vieux Château. Plus de 800 mètres cube d'eau thermale sont ainsi déversés chaque jour à une température comprise entre 52 et 68 degrés centigrades au-dessus de zéro.

Entre autres indications thérapeutiques, peuvent être nommés: tous les cas de rhumatismes infectieux chroniques, la dégénérescence articulaire et vertébrale, les troubles circulatoires fonctionnels, les maladies du système nerveux et les affections gynécologiques.

De plus il est attribué à l'eau thermale de Baden-Baden un effet thérapeutique « Anti-Stress », qui est aujourd'hui décliné à travers la devise «Bien-être pour le corps, l'esprit et l'âme».

Depuis toujours, l'eau thermale est utilisée pour des cures d'eau minérale au Friedrichsbad, ou aux trois fontaines d'eau thermale des Thermes de Caracalla.

D'ailleurs: dans la Fontaine aux trois bassins, un des symboles de Baden-Baden, coule de l'eau thermale.

Великий дар природы

Природа одарила Баден-Баден, окруженный лесистыми холмами Шварцвальда, умеренным почти средиземноморский климатом. Еще более щедрым даром являются термальные источники.

С незапа-мятных времен бьют горячие ключи у подножья Старого замка. Ежедневно для термальных купаний используется более 800 кубических метров воды с температурой От 52 до 68 градусов. Вода с успехом используется для лечения хронических, острых ревматических и дегенеративных заболеваний суставов и позвоночного столба, функциональных нарушений кровообращения, заболеваний нервной системы и для лечения женских болезней.

Сверх того, баден-баденская минеральная вода используется в антистрессовых лечебных программах как укрепляющее средство под девизом: «Wellness (хорошее самочувствие) для тела, души и духа».

С давних пор минеральная вода используется также и для питья. Любой желающий может либо во Фридрихсбаде, либо в Каракалла Термах испить животворящей воды из трех источников.

Кстати, являющийся символом Баден-Бадена фонтан «Три чаши», что у отеля «Баденский Двор», также источает термальную воду.

Geschichte

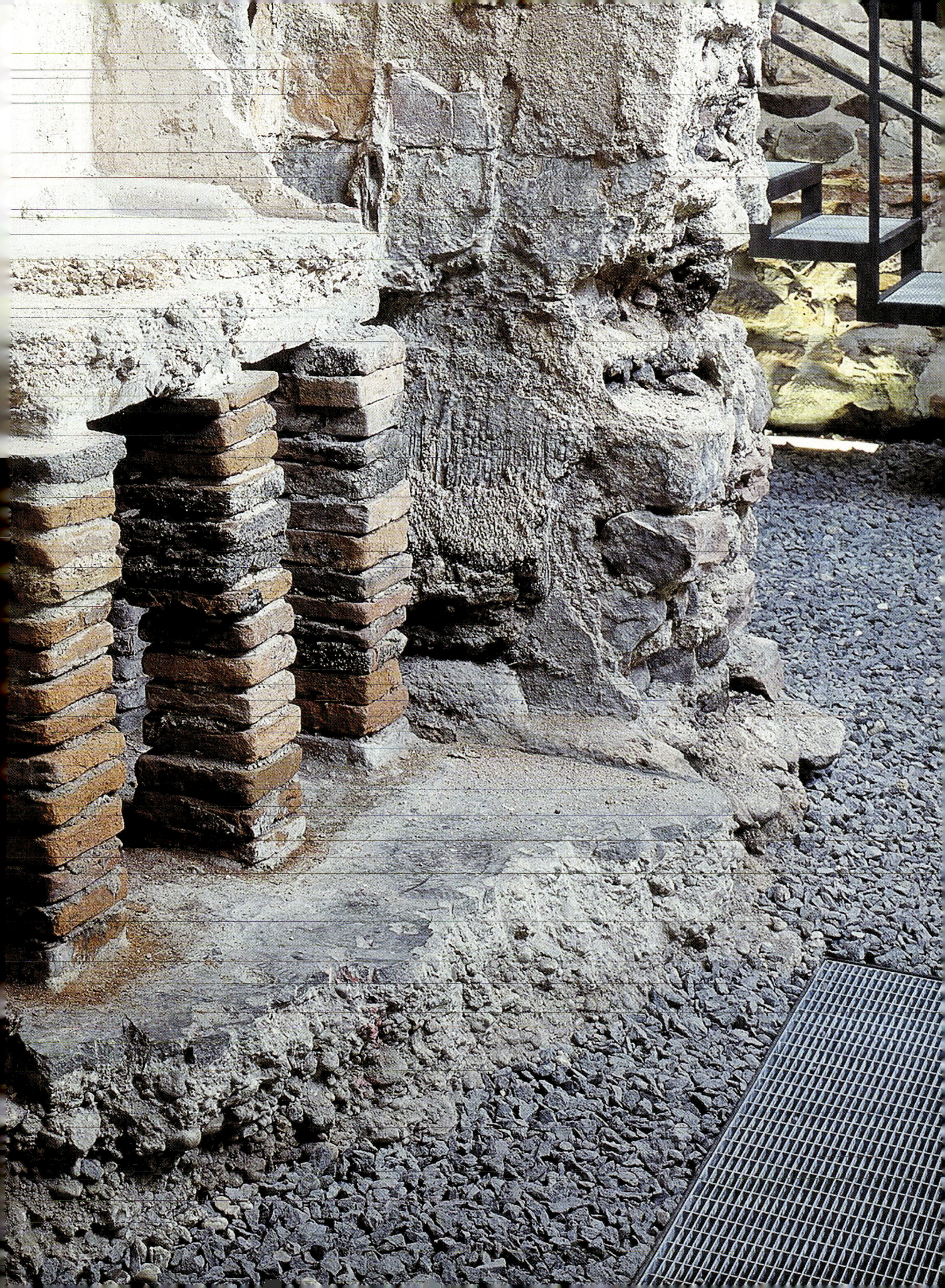

"Salus per Aquam" und ein römischer Kaiser

Natürlich war es kein Zufall, dass eine "römische Legion" in voller Montur, zu Fuß und hoch zu Ross, an der Spitze des Festzuges stand, und dass viele "römische Akzente" das Stadt- und Bäderfest prägten, mit dem am Wochenende vom 16. bis 18. August 1985 die Eröffnung der neuen Therme in Baden-Baden gefeiert wurde. Grund dafür war aber nicht allein der römische Kaiser Caracalla (188 bis 217 n.Chr.), nach dem das neue Bäder-Schmuckstück benannt worden war.

Die Konzeption der neuen Therme, die neue Kultur des Bades, die Architektur und schließlich dann auch die Namenswahl stehen seit der Eröffnung der Caracalla Therme für die Erinnerung an die große römische Bädertradition Baden-Badens und deren Fortsetzung. Denn was die Römer bereits vor nahezu 2.000 Jahren unter der "Kultur des Badens" verstanden, das galt es 1985 wiederzubeleben, und das gilt heute mehr denn je als erstrebenswert: "Gesundheit und Wohlbefinden für Körper, Geist und Seele".

Der bedeutendste Meilenstein in der frühen Geschichte der Stadt ist die Gründung der römischen Siedlung "Aquae" ("Wasser", "Bäder") im 1. Jahrhundert n.Chr. Die zunächst strategisch-militärische Bedeutung des Ortes wurde bald von dem besonderen Geschenk der Natur in den Schatten gestellt, den heißen Quellen, die hier artesisch aus den Tiefen der Erde sprudelten.

Den Römern kamen diese Quellen jedenfalls sehr gelegen, es war ein höchst willkommenes Geschenk für die Legionäre im klimatisch unwirtlichen Germanien und in Zeiten großer körperlicher Anstrengungen und kriegerischer Feldzüge.

Aquae wurde zu einer beliebten Bäderstadt und erhielt ein weitläufiges Bäderviertel mit ausgedehnten, hoch entwickelten und teilweise prunkvollen Badeanlagen. Einen Eindruck von der Bäderkultur der Römer und den Anlagen in Aquae vermitteln heute noch die "Römischen Badruinen" unter dem Römerplatz.

Die römischen Badeanlagen waren Mitte des 19. Jahrhunderts bei Bauarbeiten für das Friedrichsbad entdeckt und nach einiger Zeit der Öffentlichkeit zugänglich gemacht worden. Allein das so genannte "Soldatenbad" (nach neuen Erkenntnissen ein Hygienebad) mit seiner Hypokaustenheizung zeigt eindrucksvoll den hohen Bäder-Standard der Römer. Nach der Historikerin Margot Fuß könnte das Bad einen trockenheißen Schwitzraum, einen Warmluftraum mit Fußbodenheizung, einen Raum mit feuchtwarmer Luft und Badebecken mit unterschiedlich temperiertem Thermalwasser umfasst haben.

Welche Bedeutung die Römer in Baden-Baden der "Wellness-Philosophie" und dem Gedanken des "Salus per Aquam" (SPA, "Gesundheit durch Wasser") beigemessen haben, wird auch durch Funde deutlich, die Gymnastik- und Massageräume, Einzelbäder, Ruheräume sowie Sport- und Erholungsanlagen in diesem Bäderviertel vermuten lassen; im Weihebezirk unterhalb der Thermenanlagen fanden sich Inschriften und Weihungen an verschiedene Gottheiten als Danksagung vor allem für wiedererlangte Gesundheit und militärische Aspekte.

Der zugängliche Bereich der "Römischen Badruinen" unterhalb des Friedrichsbades wurde im Jahr 2003 umfassend neu gestaltet. Entstanden ist ein Museums-Schmuckstück, das den Besucher in die Zeit der Römer führt und einen interessanten Einblick in die römische Kultur des Bades gibt.

Wie sich diese Badeanlage unter den umliegenden Bauten fortsetzt, ist zum großen Teil nicht bekannt. Sicher ist aber, dass sich unter dem Marktplatz Baden-Badens sowie unter der Stiftskirche eine weitere Badeanlage befand: die Kaiserthermen, die größer und prächtiger ausgestattet waren als das Soldatenbad unter dem Römerplatz.

Bild links: Kaiser Caracalla

In dieser Badeanlage ging es wohl mehr um Entspannung, Erholung, Atmosphäre und Luxus denn um körperliche Sauberkeit.

Mit dieser – allerdings nicht zugänglichen Anlage – schließt sich der Kreis: Ein Inschriftenstein, der dort 1848 bei Ausgrabungen gefunden wurde, berichtet, dass "auf Geheiß des Kaisers Caracalla die Badeanlage erweitert, instandgesetzt und mit Marmorplatten ausgelegt wurde (212 – 217)". Die Kaiserthermen, deren tatsächliche Ausdehnung immer noch unbekannt ist, umfasste mindestens fünf große Wasserbecken.

Aquae widmete Bassianus, dem Sohn des Kaisers Septimius Severus, bereits im Jahr 197 eine Ehrentafel, als dieser noch Thronfolger war. Als Bassianus im Jahr 211 römischer Kaiser wurde, nannte er sich Marcus Aurelius Antonius, und weil er die so genannte Caracalla, das enge, doppelt geschlitzte, langärmelige Übergewand mit Kapuze der Kelten in Rom einführte, erhielt er den Beinamen "Caracalla".

Obwohl Kaiser Caracalla also einen bedeutenden Einfluss auf den Badeort hatte, obwohl das römische Aquae nach Caracalla den Namen "Aquae Aureliae" erhielt und etwa ab dem Jahr 220 zum Hauptort der "Civitas Aurelia Aquensis" wurde, und obwohl Caracalla auf einem Feldzug gegen die Alemannen hier sein rheumatisches Leiden kuriert haben soll, war die Namensgebung für die neue Therme in Baden-Baden umstritten.

Zu sehr war Kaiser Caracalla in den Geschichtsbüchern als blutrünstig beschrieben: Er ließ seinen mitregierenden Bruder Geta ermorden, ignorierte den mäßigenden Einfluss seiner Mutter, vernichtete alle, die gegen ihn waren (unter anderem seine Frau Plautilla), führte viele Feldzüge, und wurde schließlich im Jahr 217 selbst ermordet – von seinem Gardepräfekten Macrinus.

Bei seinem Volk in Rom hatte sich Kaiser Caracalla jedoch Rückhalt verschafft – unter anderem durch den Bau der dortigen Caracalla-Thermen (212 bis 216): Sie wurden über 300 Jahre lang genutzt und boten viel Platz für über 1.500 Badegäste.

"Salus per Aquam" and the Roman emperor

Of course it was no coincidence, that the party, with which the opening of the new thermal has been celebrated, was embossed by a "Roman legion". But not only was the name-giving emperor Caracalla (188 to 217 anno Domini) the reason for this.

The conception of the new thermal reminds the great bathing tradition of Baden-Baden. Because the aim was to revive, what the Romans called "culture of bathing" almost 2000 years ago.

The first milestone of the town's history was the foundation of the Roman settlement "Aquae" in the 1st century anno Domini. Aquae went to be a popular spa town.

The "Roman thermal ruins" under the Römerplatz – Roman Square (found during construction work in the middle of the 19th century) give an impression of the spa culture of the Romans, even today. However, this so-called "soldier thermal" shows the high spa standard of the Romans.

Moreover there was another thermal building under the marketplace and under the collegiate church: the emperor thermal, which was even bigger and more marvelous than the soldier's thermal under the Roman Square.

Although the Roman emperor Caracalla (really named Marcus Aurelius Antonius – he got the epithet Caracalla, because he had imported the Caracalla named robe of the Celtics to Rom) had such a considerable influence at the spa town, the naming of the new thermal was disputed. Emperor Caracalla has too often been described as bloodthirsty in the history books. But Emperor Caracalla had support in Rom – among others because of building the Caracalla Thermals there (212 to 216): They were used for more than 300 years and offered space for more than 1500 bathing guest

Le "Salus per Aquam" et l'Empereur romain

Evidemment ce n'était pas un hasard, si la légion romaine a laissé son empreinte sur la fête lors de l'ouverture des portes des nouveaux thermes en août 1985. La raison n'était pas seulement que l'Empereur romain Caracalla (188 -217 après Jésus Christ) ait donné son nom au nouvel établissement.

La conception des nouveaux thermes est en effet dans la droite ligne de la grande tradition balnéaire de Baden-Baden. Car ce que les Romains comprenaient déjà il y a environ 2000 ans sous le terme «Culture balnéaire», on le revivait en 1985.

La première étape de l'histoire de la ville est la fondation de la Colonie romaine «Aquae» au premier siècle après Jésus Christ. Aquae fut une ville balnéaire très active. Une preuve de cette culture balnéaire romaine est donnée encore aujourd'hui par les ruines des thermes romains au-dessous de la Place des Romains, la «Römerplatz» (mises à jour lors de fondations au milieu du 19e siècle).En eux-mêmes ces soi-disant «thermes des soldats» montrent un haut standard balnéaire.

A coté se trouvaient aussi au-dessous de la Place du Marché et également au-dessous de la «Stiftskirche» d'autres thermes: les thermes de l'Empereur, qui étaient encore plus grands et plus somptueusement équipés que les « thermes des soldats »

Quoique l'Empereur romain Caracalla (en effet, Marcus Aurelius Antonius était ainsi appelé car il introduisit à Rome la caracalla, une tunique celtique) ait eu une grande influence sur la ville balnéaire, donner son nom aux thermes a prêté à polémique car il était décrit comme particulièrement sanguinaire.

L'Empereur Caracalla s'assura du soutien des romains notamment en construisant les Thermes de Caracalla (de 212 jusqu'en 216) à Rome. Ces thermes furent utilisés pendant plus de 300 ans et pouvaient accueillir plus de 1.500 visiteurs.

„Salus per Aquam" «Исцеление водой» и один римский император

То, что празднование открытия новых термальных купален в августе 1985 г. не обошлось без «римского легиона», не было случайностью. Причиной тому был не только факт присвоения купальням имени императора Каракаллы (188-217 гг. от Р.Х.).

Планировка термального комплекса возрождает великие традиции древнеримских термальных купален в Баден-Бадене. Культура термальных купаний, создававшаяся римлянами 2000 лет назад, получила новую жизнь в 1985 году.

Исходным моментом в истории города было основание римского поселения Aquae (воды) в первом столетии от Р.Х. Aquae становится популярным термальным курортом. Некоторое представление о римской традиции термальных купаний дают руины римских бань, расположенные под площадью Рёмерплац (Римская площадь), обнаруженные во время строительных работ в 19 веке. Одни эти доступные для обозрения т.н. «солдатские бани» демонстрируют высочайший уровень искусства создания римлянами термальных купальных комплексов.

Неподалеку от «солдатских бань» стояло (ныне расположенное под Рыночной площадью и Штифткирхе) еще одно термальное сооружение: Царские бани, которые были гораздо грандиознее и великолепнее, чем бани под Рёмерплац.

Хотя римский император Каракалла (собственно Марк Аврелий Антонин, получивший добавочное имя Каракаллы, потому что ввел в римский обиход кельтский плащ – каракаллу) сыграл огромную роль в истории курорта, присвоение его имени термальному комплексу у многих вызывало возражения. Уж слишком кровожадным предстает он в исторических сочинениях.

Сторонники же присвоения купальням его имени получили поддержку из самого Рима, в первую очередь, благодаря существовавшим там Каракалла Термам (212-216 гг.). Они функционировали в течение 300 лет, и посещать их могли одновременно 1500 человек.

Baden, essen, trinken und mancherlei Kurzweil...

Nachdem das römische Aquae Aureliae im 2. und 3. Jahrhundert seine erste Blütezeit als beliebter Kur- und Bäderort erlebt hatte, zeigt der Blick auf die folgenden Jahrhunderte zwar auch manche dunkle Wolke für das Städtchen, aber immer wieder auch strahlenden Sonnenschein.

In glanzvolles Licht getaucht war Baden, wie die Stadt nun genannt wurde, im 15. und 16. Jahrhundert. Die Badener Thermen, balneologische Erkenntnisse, die Bäderkuren werden verbunden mit glanzvollen Turnieren und den Treffen adeliger Herrschaften und hochrangiger Gesandtschaften. Das fröhliche Baden im Thermalwasser in den zwölf Badherbergen der Stadt war gefragtes gesellschaftliches Ereignis – mit Essen und Trinken, Geschichten erzählen, Musik und "mancherlei Kurzweil".

Danach setzten politische Wirren, Krieg und der große Stadtbrand 1689 dem Bäderort schwer zu. Und dann waren da noch Pest und Syphilis: Während man in Baden die Pest dadurch bekämpfte, dass man das Thermalwasser durch die Gassen der Stadt laufen ließ, sah man sich beim unaufhaltsamen Vormarsch der Syphilis vor ein anderes großes Problem gestellt: Weil sich hartnäckig die Meinung verbreitete, das Badener Thermalwasser brächte Hilfe bei dieser damals unheilbaren Krankheit, drohte der Stadt eine "Invasion der Syphilis-Erkrankten" und ein drastischer Rückgang des bis dahin so fröhlichen Badelebens.

Glanzvoller denn je zeigte sich Baden-Baden im 19. Jahrhundert: Kaiser und Könige, Adel, Künstler, Spieler, die feine und die betuchte Gesellschaft, Magnaten und Mätressen machten die Stadt zur international berühmten "Sommerhauptstadt Europas". Glücksspiel, gesellschaftliche Anlässe, Galopprennen, Kultur, Konversation und glanzvolle Ereignisse – die Bäderstadt wurde zum prachtvollen Salon Europas: Sich in der feinen Gesellschaft zu zeigen war wichtiger geworden als das Baden, Kurieren wurde zum Vorwand fürs Promenieren...

Mit einem Paukenschlag meldete sich Baden-Baden aber dann als Bäderstadt zurück: 1877 wird das monumentale, prächtige Friedrichsbad eröffnet. Damals stolze zwei Millionen Mark kostete das nach den Plänen des Großherzoglichen Bauinspektors Karl Dernfeld errichtete Bad, das europaweit für Aufsehen sorgte und das heute noch – technisch und balneologisch auf dem neuesten Stand – als eines der bedeutendsten Beispiele hoher Badekultur in Europa gilt. Wie neu geboren fühlt sich der Badegast nach einem Besuch im Friedrichsbad.

Das Badewesen hatte wieder einmal enormen Aufschwung genommen; dem Trend folgend wurde in unmittelbarer Nachbarschaft ein "Frauen-Dampfbad" erbaut, das Kaiserin-

Bild links: Friedrichsbad

Augusta-Bad. Dieser Bäderbau brauchte in punkto Schönheit und Ausgestaltung den Vergleich zum Friedrichsbad nicht zu scheuen.

Vom prunkvollen Kaiserin-Augusta-Bad blieb jedoch nach dem Jahr 1962 nichts mehr übrig, nur noch ein Teil des Namens: Das Bad wurde abgerissen und an seiner Stelle ein neues Badehaus errichtet, das neue "Augustabad". Es war ein nüchterner Zweckbau in Stahl und Beton – allerdings mit einer Attraktion: das große Thermalschwimmbad für alle in der obersten Etage des siebenstöckigen Kurmittelhauses.

Bathing, eating, drinking...

Dipped in sparkling light was Baden-Baden, that's what the town was called then in the 15th and 16th century. Joyful bathing in thermal spring water in one of the 12 thermals was a requested social event.

Later political confusion, epidemics, war and the big town fire in 1689 were a heavy blow for the town. The pest has been controlled by letting the thermal spring water flow through the streets of the town.

In the 19th century Baden-Baden presented itself more sparkling than ever: emperors and kings made the made to the "summer metropolis of Europe" with brilliant events.

In 1877 the marvelous Friedrichsbad was opened, which is, even today, technically and in terms of spa up to date and known for an important example of high spa culture in Europe.

In the near neighborhood a ladies-steam bath was built; its name was "Empress-Augusta-Thermal". There was not much left of the splendid bath architecture, when the new Augusta Thermal was built at that place in 1962. It was a plain aim-building made of steel and concrete.

Prendre les bains, manger et boire...

Aux 15e et 16e siècles, Baden, c'est ainsi qu'on nommait alors la ville, était sous les feux des projecteurs. Les plaisirs des bains thermaux au sein d'auberges balnéaires constituaient des évènements sociaux importants.

Par la suite, les troubles politiques, les épidémies, la guerre et le grand incendie de la ville en 1689 frappèrent la cité balnéaire. On combattait alors la Peste grâce à l'eau thermale qu'on laissait couler par les rues.

L'époque la plus glorieuse de Baden-Baden remonte au 19e siècle: l'Empereur et les rois firent de la ville la «capitale d'été de l'Europe» à travers de grands événements mondains.

En 1877 le «Friedrichsbad» ouvrait ses portes. Jusqu'à nos jours, tant au plan technique que balnéologique, il a représenté un standard très moderne, et fait figure d'exemple de la plus haute tradition balnéaire en Europe.

A proximité, un bain de vapeur pour femmes, le Bain de l'impératrice Augusta, fut édifié. En 1962, après la construction du nouveau Bain Augusta au même emplacement, un bâtiment fonctionnel d'acier et de béton, il ne restait plus rien de ce magnifique établissement thermal.

Купаться, есть, пить…

Блистательно выглядел возникший на месте древнего поселения городок Баден в 15 и 16 веках. Исцеляющее и доставляющее наслаждение купание в термальных водах в двенадцати отелях города было популярным развлечением.

А затем: политические беспорядки, эпидемии, войны и – венец всех несчастий – пожар 1689 года. Все это обернулось страшным ущербом для города. Эпидемию чумы удалось победить, пустив термальные воды по узким городским улочкам.

В 19 веке город вновь предстал во всем блеске: короли и императоры превратили Баден-Баден в «летнюю столицу Европы» с богатым ассортиментом блистательных развлечений.

В 1877 г. были открыты роскошные купальни «Фридрихсбад», которые до сегодняшнего дня отвечают высшим техническим и бальнеологическим стандартам, и являются превосходным образцом высокой культуры европейских термальных купаний. В непосредственной близости от Фридрихсбад находилась женская паровая баня – «Купальня императрицы Августы». Это великолепное строение было полностью уничтожено в 1962 г., а на его месте была построена «Новая Августабад» – унылое сооружение из стали и бетона, предназначенное исключительно для медицинских целей.

Die Bäderstadt plant ihre Zukunft

Nur wenig mehr als ein Jahrzehnt sollte das wenig geliebte, kantige Augustabad zur Entwicklung des Bäderwesens in Baden-Baden beitragen. Bauliche Mängel wurden sichtbar, Wasser aus dem großen Badebecken im obersten Stock sickerte durch die Decke in das darunter gelegene Stockwerk des Gebäudes, in dem die Umkleidekabinen untergebracht waren. Aber auch unabhängig davon musste Baden-Baden, wollte es sein Standbein "Kur und Gesundheit" nicht vernachlässigen, neue Akzente im Bäderbereich setzen.

Wie ein Spiegelbild der gesamten Geschichte Baden-Badens erscheint die Entwicklung der Stadt im 20. Jahrhundert. Trotz aller Widrigkeiten der beiden Weltkriege, trotz wirtschaftlichem Zusammenbruch, karger Nachkriegszeiten, trotz nationaler und internationaler politischer wie wirtschaftlicher Krisen konnte Baden-Baden im Laufe der zweiten Hälfte des 20. Jahrhunderts an seine großen Zeiten anknüpfen. Behielt aber im Lauf der Jahrhunderte mal das Bäderwesen, dann wieder das gesellschaftliche Leben die Oberhand, so war man jetzt bestrebt, die unterschiedlichen Vorzüge der Stadt gleichermaßen zu betonen: Kur, Gesundheit und Therapie ebenso wie Kongresse und Tagungen, Kultur und große, glanzvolle Ereignisse, die Stadt als gesellschaftlicher Treffpunkt mit Glücksspiel und Pferderennen oder einfach nur zum Urlaub machen – Baden-Baden präsentierte sich als "Internationale Kur-, Kongress- und Urlaubsstadt mit Niveau".

Bereits Mitte der 70er Jahre wurden Pläne geschmiedet für eine neue Anlage. Größer sollte sie sein, aufwändiger, ein "Spaßbad" vielleicht oder eine "Vergnügungstherme" – auf jeden Fall brauchte Baden-Baden ein neues, modernes Thermalbad, wollte es mit der Entwicklung des Bäderwesens mithalten, den internationalen Mitbewerbern einen Schritt voraus sein und seinem Anspruch als "Erste unter den Kurstädten" in Deutschland weiterhin gerecht werden können.

Den 1974 ausgeschriebenen Wettbewerb zum Bau einer neuen Badeanlage, an dem sich bedeutende Architekten beteiligten, gewann das Züricher Büro Glaus/Allemann mit dem Plan einer "Grottentherme". Noch schwirrte das Konzept eines "Spaßbades" mit Abenteuer, Wasserrutsche, Kindervergnügen usw. durch Baden-Baden – vielleicht in Anlehnung an die Taunustherme in Bad Homburg...

Unterschiedliche Standorte wurden untersucht. Der insgesamt 18 Mal umgearbeitete Sieger-Entwurf, der schließlich auch den Abriss der "Alten Polizeidirektion" vorsah, lag auf dem Tisch, als der Verwaltungsrat Ende der 70er Jahre einen neuen Vorstand der Bäder- und Kurverwaltung Baden-Baden suchte. Erste und wichtigste Aufgabe für die neue Kurdirektorin Dr. Sigrun Lang, die im März 1979 ihr Amt antrat, war es, den Bau des neuen Thermalbades in Baden-Baden zu forcieren. Die Caracalla Therme sollte das wichtigste und erfolgreichste Projekt ihrer Amtszeit werden.

Zwar hatten Glaus/Allemann mit ihrem Entwurf einer "Grottentherme" den Wettbewerb gewonnen, doch so recht glücklich war niemand damit, zumal sie gemäß eines Baukosten-Budgets von 60 bis 80 Mio. DM geplant worden war. Fünf Jahre später hatten sich politische Meinungen in Stadt und Land geändert, hatten sich neue wirtschaftliche Zwänge ergeben und die "Alte Polizeidirektion" sollte nun unbedingt erhalten bleiben.

Es folgten neue Entwürfe, Gegenentwürfe und ein weiterer, eingeschränkter Architekten-Wettbewerb. In diesem Stadium war auch der Ettlinger Architekt Günther Seemann mit einem Entwurf beteiligt, der bei den Entscheidern Gefallen fand. Unstimmigkeiten – insbesondere Kostenüberschreitungen beim Kongresshaus-Umbau – veranlassten den Verwaltungsrat der Bäder- und Kurverwaltung Baden-Baden, die Realisierung der neuen Therme in Baden-Baden an den Freiburger Architekten Dipl.-Ing. Hans-Dieter Hecker (Vorentwurf 1981) sowie an die Architektengemeinschaft Dipl.-Ing. Hans-Dieter Hecker/Dipl.-Ing. Peter Kraetz, Baden-Baden (Planung 1981 – 1984) zu vergeben.

Auch der damalige Oberbürgermeister Dr. Walter Carlein und BKV-Vorstand Dr. Sigrun Lang favorisierten diesen jüngsten Entwurf: das neue Thermalbad als eine harmonische Verbindung von umgebautem Augustabad in Kombination mit einem neuen Kuppelbau, anknüpfend an die große Bädertradition der Stadt.

The spa town plans its future

The non-popular Augusta Thermal should exist less then 10 years, because building faults got visible.

In the middle of the 1970s new plans for a bigger thermal were made. It should be bigger, maybe an "entertainment thermal".

In 1974 the Zurich office Glaus and Allemann won the announced competition, but no one was really happy with their design – especially because the plan scheduled to pull down the Old Police Department.

Finally the administrative council of the spa- and cure administration of Baden-Baden awarded the realization of the new thermal to the architect Dipl.-Ing. Hans-Dieter Hecker from Freiberg (pre-design 1981) and to the architect association Dipl.-Ing. Hans-Dieter Hecker / Dipl.-Ing. Peter Kraetz from Baden-Baden (planning 1981-1984).

The former mayor Dr. Water Carlein and the BKV executive Dr. Sigrun Lang also favorised this new design: the reconstructed Augusta Thermal combined with a new dome building, which ties on the great spa tradition of the town. In March 1983 the construction of the Caracalla Thermal started.

La cité balnéaire planifie son avenir

Le Bain Augusta, qui n'avait pas trouvé son public, ne dura qu'une dizaine d'années, car des défauts de construction apparurent rapidement.

Dès le milieu des années 70, le projet d'un nouvel établissement fut lancé. Il devait être plus grand que le précédent, et peut être tourné vers les loisirs thermaux.

Le concours fut gagné en 1974 par le cabinet d'architectes Glaus et Allemann de Zurich, mais personne n'était réellement satisfait de ce projet, qui prévoyait notamment la démolition de l'ancienne préfecture de police.

Finalement, le conseil administratif de l'Administration des thermes et du kurhaus Baden- Württemberg (BKV) attribuait la réalisation des nouveaux thermes à l'architecte Dipl.-Ing. Hans-Dieter Hecker de Fribourg (avant-projet en 1981) et également aux architectes associés Dipl.-Ing. Hans-Dieter Hecker et Peter Kraetz, de Baden-Baden (Planification de 1981 à 1984).

Ainsi, le maire de l'époque, le Dr Walter Carlein et le directeur de la BKV, le Dr Sigrun Lang, encouragèrent ce jeune projet : Transformer le bain Augusta, avec l'adjonction d'une coupole, tout en restant attaché à la grande tradition balnéaire de la ville. Alors commença en mars 1983 la construction des Thermes de Caracalla.

Baubeginn im März 1983

Город-курорт планирует свое будущее

Не прошло и десяти лет после открытия всеми не любимой «Новой Августабад», как стали видны все промахи архитекторов.

Уже в середине 70 гг. возникла идея создания нового купального комплекса. Предполагалось сделать его значительно больше, перенеся акцент на развлечения.

Объявленный в 1974 году конкурс выиграло Цюрихское архитектурное бюро «Глаус и Аллеманн», но, проект по настоящему никого не радовал, т.к. он предусматривал снос здания старого полицейского управления.

В конце-концов, строительство нового термального комплекса было поручено Фрейбургскому архитектору, дипломированному инженеру Гансу-Дитеру Хекеру (предварительный проект 1981 г.) и архитектурному содружеству: дипломированным инженерам Гансу-Дитеру Хекеру и Петеру Крецу (плановые работы 1981-1984 гг.)

Тогдашний обер-бургомистр города доктор Вальтер Карлейн и председатель курортного управления доктор Зигруд Ланг выступили за реализацию представленного проекта, предусматривающего перестройку "Новой Августабад" в сочетании с созданием бассейна под куполом и вписывающегося в многовековую традицию баден-баденских термальных купаний.

Architektur

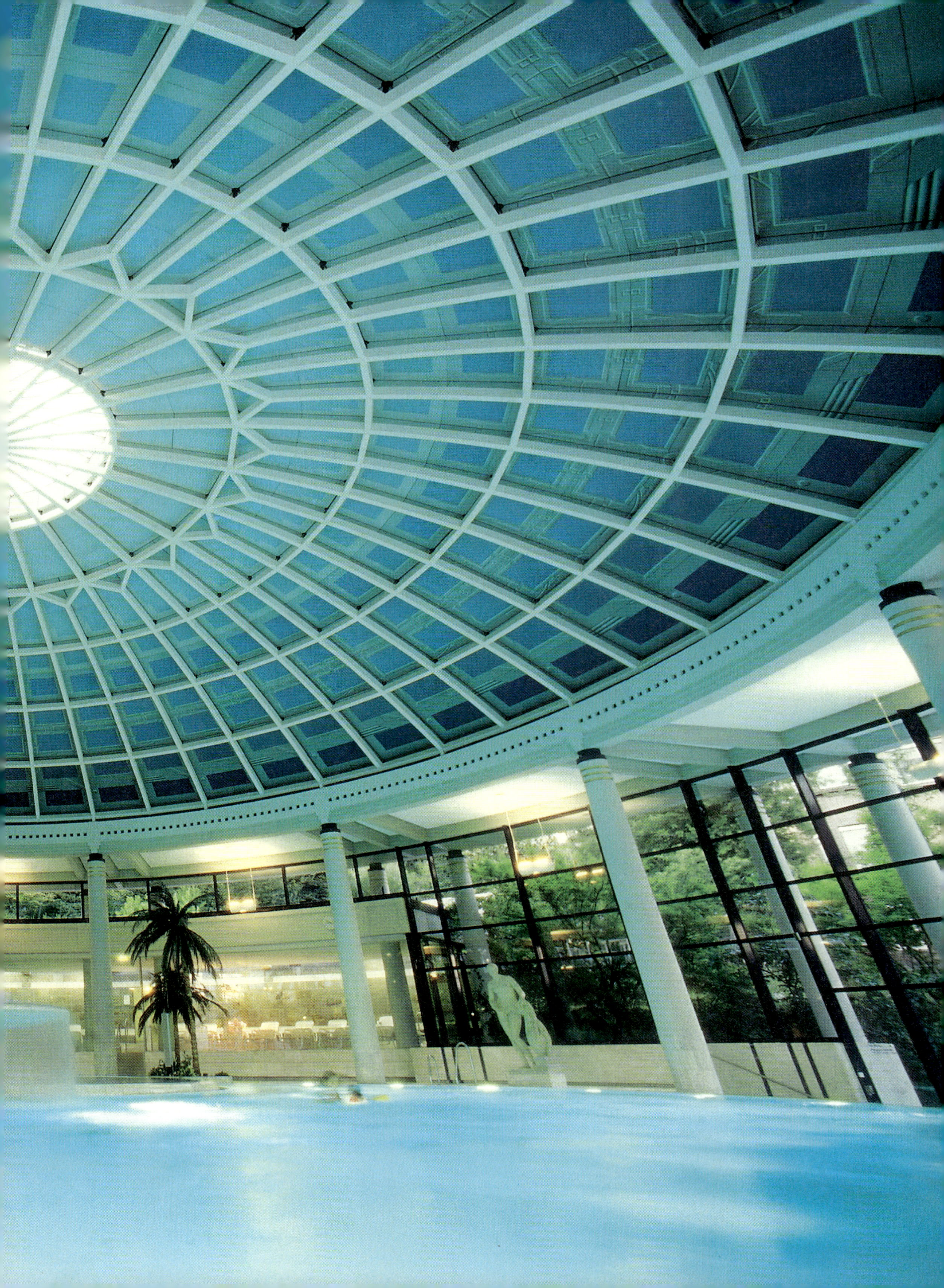

Charakter und Qualität im Detail

Mancher Beobachter sah noch beim ersten Spatenstich die Entscheidung für diesen Standort als ein nicht unerhebliches Risiko für einen so wichtigen Schritt in die Zukunft der Bäderstadt Baden-Baden: Konnte hier ein "großer Wurf" gelingen? Am Fuße des Schlossgartens im Rotenbachtal, eingezwängt zwischen Klosterschule, Spitalkirche und Rheumakrankenhaus (dem ehemaligen Landesbad) und dominiert vom mächtigen Kubus des Augustabades? Letztendlich hatten aber wirtschaftliche, organisatorische und damit finanzielle Gründe den Ausschlag gegeben, das Augustabad (als "Kurmittelhaus") und die neue Therme als organisatorische Einheit zusammenzufassen.

Die neue Baden-Baden-Therme sollte – und musste – auf jeden Fall einen eigenständigen, unverwechselbaren Charakter bekommen – nicht versteckt hinter einem Würfel, sondern als Einheit selbstbewusst und prägend für die neue Bäderstadt Baden-Baden. Ein moderner Bäderbau sollte es sein, aber keine "Schuhschachtel-Architektur" und doch zeitlos klassisch mit einer unverwechselbaren Handschrift. Bäderbauten waren für Baden-Baden und seine Entwicklung immer von besonderer Bedeutung – und sie werden es auch in Zukunft sein.

Die Aufgabe für die Architekten war nicht gerade leicht, es galt beinahe, die "Quadratur des Kreises" zu schaffen, zumal als weitere Vorgabe eine Bäder-Tiefgarage mit Zu- und Abfahrt sowie dem direkten Zugang zur Therme untergebracht werden musste. Hans-Dieter Hecker und Peter Kraetz beschrieben 1985 ihr architektonisches Konzept in einem Beitrag für die Bäder- und Kurverwaltung Baden-Baden unter anderem so: "Die Antwort ... ist ein Entwurf, der an die Tradition der Baden-Badener Kur- und Bäderbauten anknüpft, indem er die alte Form eines von Säulen getragenen Rundbaus mit zeitgemäßen architektonischen und konstruktiven Mitteln neu interpretiert; ein Entwurf, der mit der formalen Durchbildung im Detail im Sinne einer Erinnerung an historische Vorbilder den besonderen Charakter einer Therme in Baden-Baden betont; ein Entwurf schließlich, der trotz aller Einengungen und Zwänge eines äußerst schwierigen Standortes mit Eigenständigkeit und mit besonderem Anspruch bezüglich Form und Material der Bedeutung der Bauaufgabe gerecht zu werden versucht."

Diesem Ziel entsprechend wurde der neue Kuppelbau mit dem eigentlichen Thermalbad vom ehemaligen Augustabad gelöst, "alt und neu, Quadrat und Kreis werden nur soweit funktionell unbedingt notwendig miteinander ... verbunden". Der zweigeschossige Dachaufbau und das 6. Obergeschoss des ehemaligen Augustabades wurden abgetragen, der mächtige Bau wirkte nun weniger dominant, die Maßstäbe waren ausgewogen.

Eine interessante Lösung gelang auch bei der Gestaltung des Eingangsbereiches im ehemaligen "Kurmittelhaus". Über den neu gestalteten Vorplatz (Römerplatz) mit Thermalwasserbrunnen und der Skulptur "Die große Kniende" kommend, fällt der Blick auf den Kuppelbau der Caracalla Therme – analog zu dessen Architektur erhielt die Eingangshalle einen

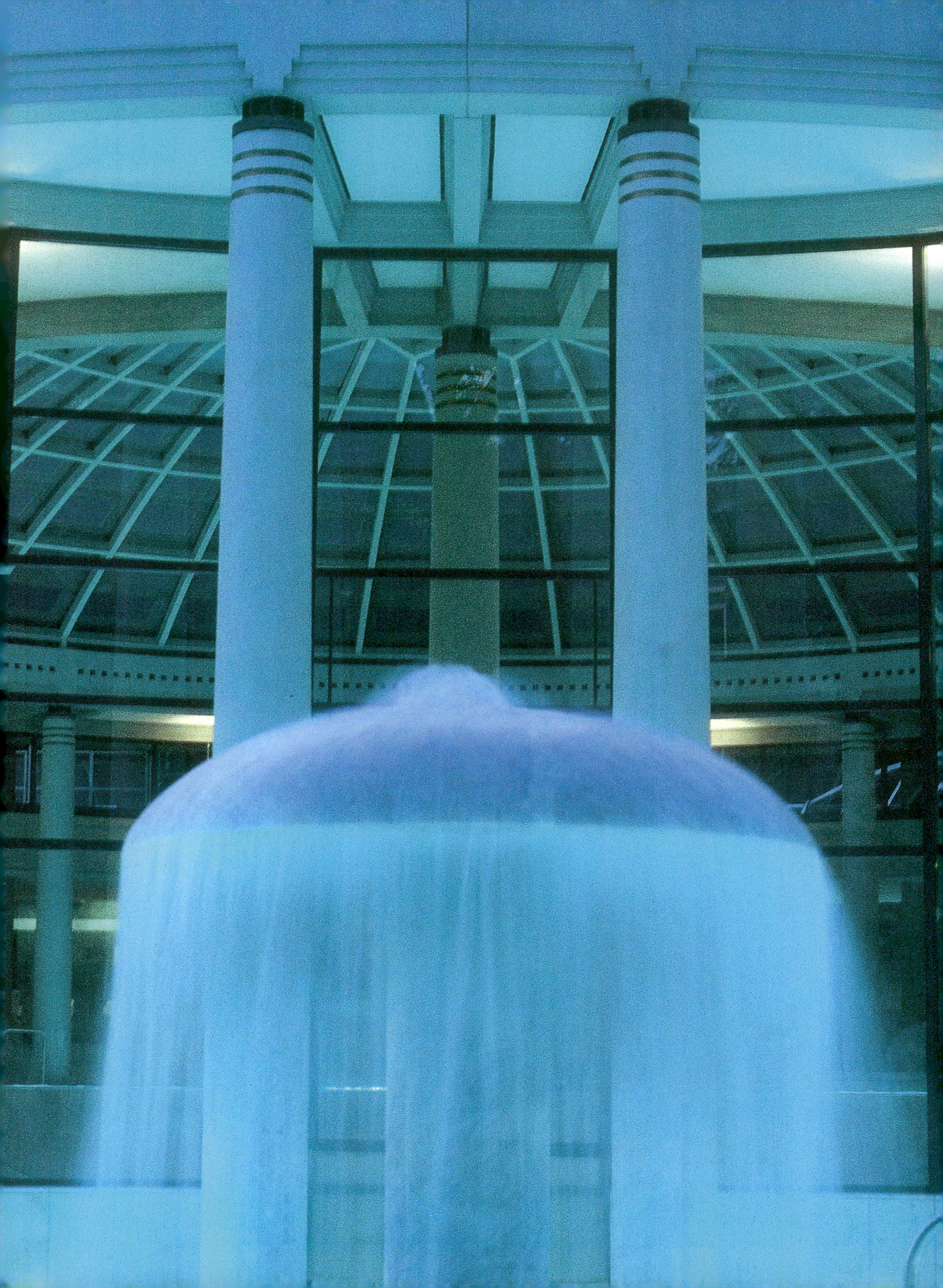

Vorbau aus vier Säulen und einem Architrav in Form eines Kreisbogenausschnittes "als Hinweis auf die Konstruktion der neuen Thermenhalle".

Hecker und Kraetz beschreiben das Konzept: "Die klassische, geschlossene Thermenhalle wird zu einem offenen, nur durch die beiden Säulenreihen und eine gläserne Wand definierten Raum, der sich mit der Landschaft verbindet. Die klassische Kuppel ist eine nach rein technischen Gesichtspunkten konzipierte Stahlkonstruktion und eine raumbildende Schale."

Die Anordnung der Innenbecken, die bemalte Kuppelschale, schlanke Säulen, die einfarbige, eine helle Stahlbetonkonstruktion und der durch blaue Granitstreifen gegliederte Marmorboden setzen in der Thermenhalle die architektonischen Akzente. Die Schwimmbecken im Freien sind ganz nah an den Kuppelbau gebaut, die Grünflächen und Ruhebereiche draußen geben dem Ensemble noch etwas mehr an Großzügigkeit.

Aufwändig im Detail, mit sorgsamer formaler Ausbildung, qualitativ hochwertigen Materialien, abgestimmten Farben und weichen, eleganten Formen ohne Kanten und Ecken entstand hier ein neues Thermalbad. Nach dem Willen der Planer sollte so ein Raum entstehen, "der dem Thermenbesucher Wohlbefinden in einer besonderen Atmosphäre vermittelt".

Character and quality in detail

The new thermal should be enclosed between convent school, spital church and rheumatism hospital, dominated by the mighty cube of the existing Augusta Thermal. This was no easy task, especially because a spa – underground car park needed to be built.

Finally the new dome building with the thermal spa itself has been separated from the former Augusta Thermal. The roof and the 6th floor of the former Augusta Thermal have been taken down and the mighty building seemed to be less dominant.

Hecker and Kraetz described the concept: "the classic, closed thermal hall will be changed to an open room, only defined by column rows and a wall of glass. This room will be connected to the landscape".

The swimming pools outside are built near to the dome building, the green areas and the resting areas outside give a little more generosity to the ensemble.

That's the way the room should arise for giving a special atmosphere of wellness to the thermal visitor".

Revue de détail des Spécificités et qualités

Le nouveau bain devait être situé entre l'Ecole du Couvent, la «Spitalkirche» et la Clinique rhumatismale, dominé par l'énorme cube du Bain Augusta. Ce n'était pas une tâche facile pour les architectes, d'autant plus qu'un garage souterrain avec accès et sortie devait être établi.

Finalement, la construction de la coupole du nouveau bain thermal fut détachée de l'ancien Bain Augusta. Les combles et le 6ème étage de l'ancien bâtiment furent démolis. L'ensemble donna alors une impression moins écrasante.

Hecker et Kraetz décrivent ainsi leur concept: «Le hall des thermes classiques qui était un lieu clôt devient un espace ouvert, seulement délimité par ses alignements de colonnes et un mur vitré, qui le relie au paysage».

Les bassins extérieurs sont construits au pied de la coupole, les espaces de verdure et la pelouse donnent encore plus d'ampleur à la vue.

Il fallait faire naître un espace, «qui invite le visiteur au bien être au sein d'une atmosphère particulière».

О Концепции и качестве подробнее

Новое купальное сооружение планировалось расположить между монастырской школой, Шпиталь-кирхе (Больничной церковью) и ревматологической клиникой рядом с устрашающим кубом «Новой Августабад». Перед архитекторами стояла нелегкая задача, поскольку надо было еще как-то разместить подземный гараж с въездом и выездом.

В конце-концов, новое купольное сооружение с термальным бассейном было построено рядом с Новой Августабад. В старом сооружении убрали крышу и шестой этаж. Теперь здание не выглядело столь угрожающе.

Хекер и Кренц так излагали свою концепцию: «Это будет поддерживаемое колоннами традиционное купольное сооружение с термальным бассейном, отделенное от окружающего его ландшафта только стеклянной стеной и таким образом включающее в себя этот ландшафт».

Открытые купальные бассейны непосредственно примыкают к купольному сооружению, озелененные участки и площадки для отдыха, окружающие открытые бассейны, усиливают впечатление масштабности ансамбля.

Так и должно быть организованно пространство, «призванное внушить посетителям терм ощущение свободы и раскованности».

Die neue Caracalla Therme

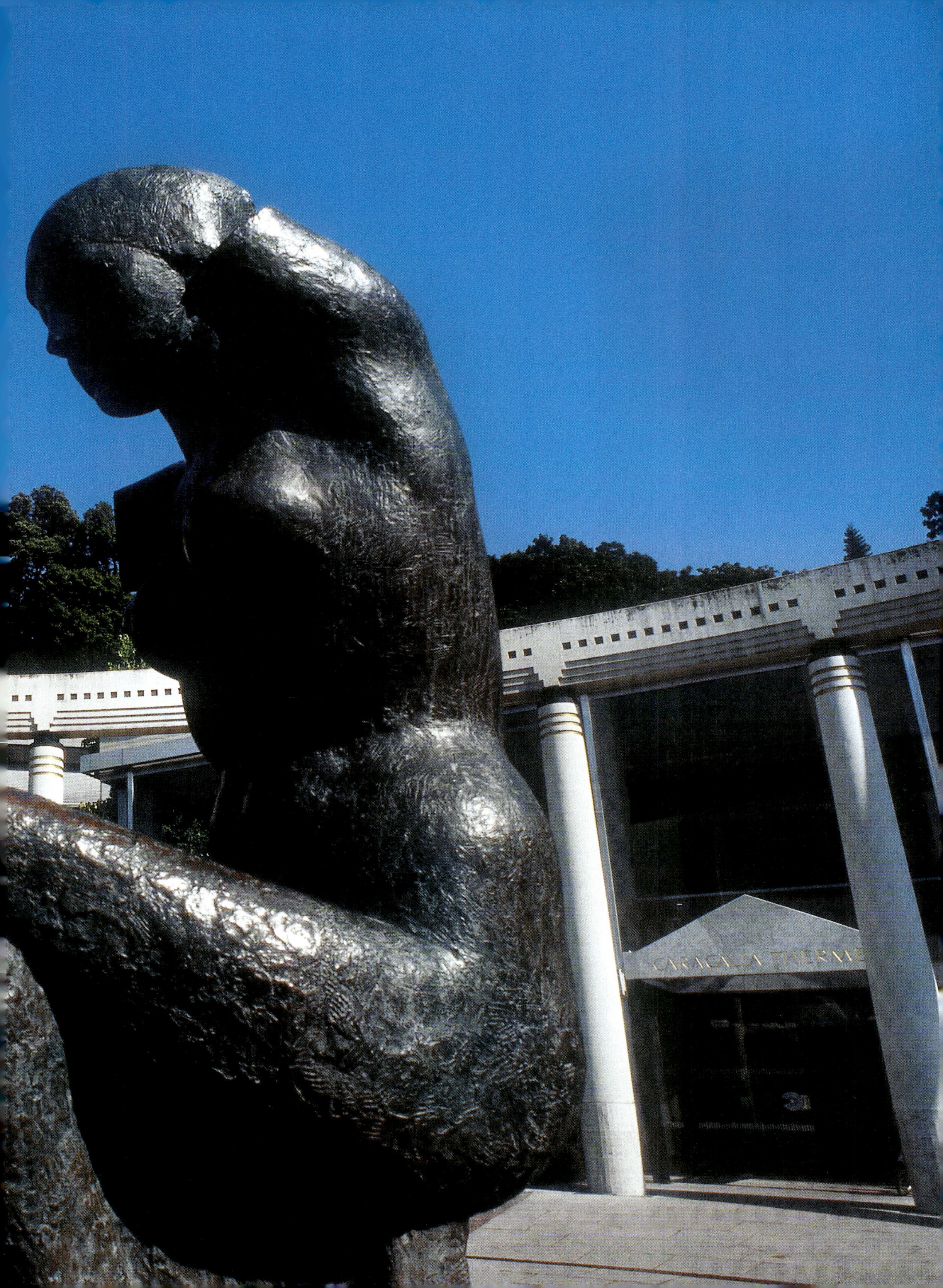
CARACALLA THERME

Die neue Caracalla Therme

Baden-Baden hatte ein neues Thermalbad. Aber würde sich die rund 42 Millionen DM (ca. 21,5 Mio. Euro) teure Caracalla Therme einreihen in die Tradition der gerühmten Bäderbauten der Stadt, würde sie dem Vergleich mit den neuen Bädern im In- und Ausland standhalten? War sie auf der einen Seite "Spaßbad" genug, und wurde auf der anderen Seite dem Bereich "Kur und Gesundheit" genug Aufmerksamkeit geschenkt?

Der erste Eindruck, den die Caracalla Therme während des Eröffnungsfestes machte, war bemerkenswert positiv. Es war fast mit Händen zu greifen, dass hier etwas Neues, bislang Einmaliges entstanden war.

Die Plastik "Die große Kniende" (1944) des Bildhauers Ludwig Kaspar am Brunnen auf dem neu gestalteten Römerplatz ist der erste Akzent der neuen Therme. In diesem Bereich, zugeordnet der Spitalkirche, stand die "Ölberggruppe", ein um 1500 aus Sandstein gehauenes Ensemble der entsprechenden Bibelszene. Sie wurde, um durch die Bauarbeiten nicht beschädigt oder zerstört zu werden, Stein für Stein abgetragen und einige Meter weiter sowie um 90 Grad gedreht originalgetreu wieder aufgebaut.

Von seiner kubistischen Strenge befreit und mit viel Licht zeigt sich der Eingangsbereich der neuen Therme mit den entsprechenden Serviceeinrichtungen, dem Zugang zur Tiefgarage, der Verbindung zu Fahrstühlen und Bürotrakt sowie mit der großen Freitreppe zum Badebereich.

In den ersten Jahren nach der Eröffnung befanden sich hier ab dem zweiten Stockwerk der Saunabereich sowie die Räume für die therapeutischen "Kurmittelabgaben": Massagen, Krankengymnastik, Thermalwasser-Einzelanwendungen, Fango usw.

Dreigeteilt ist der erste Stock des ehemaligen Augustabades mit dem eigentlichen Eingang zum Thermalbad, der Cafeteria und dem luftigen Aufenthaltsbereich mit drei schalenförmigen Marmor-Trinkbrunnen mit Wasser aus den Baden-Badener Quellen "Fettquelle" und "Murquelle" sowie aus der Nürtinger Heinrichsquelle.

Von den Umkleidekabinen kommend, öffnet sich dann der Blick in die große, von Säulen getragene Thermenhalle mit dem großen Thermalwasserbecken, dem integrierten Therapiebecken und mit den beiden Heiß- und Kaltwassergrotten. Große Glasfronten und die Kuppelschale, deren Bemalung dem Auge des Betrachters eine größere Höhe vermittelt, geben dem Raum eine lichte Weite. Tatsächlich ist die Kuppel relativ flach, doch die farbliche Gestaltung der Deckenpaneele mit zum Zentrum hin immer heller werdenden Farbtönen ergibt diesen optischen Effekt.

Marmor, Granit, Ruhebereich, Palmen und die über zwei Meter hohe Statue der Venus von Knidos (Praxiteles, 4. Jahrhundert v.Chr.) – ein Abguss des Originals im Vatikanischen Museum – geben dem weiten Raum eine angenehm entspannende Atmosphäre, lassen ihn Ruhe und Gelassenheit ausstrahlen.

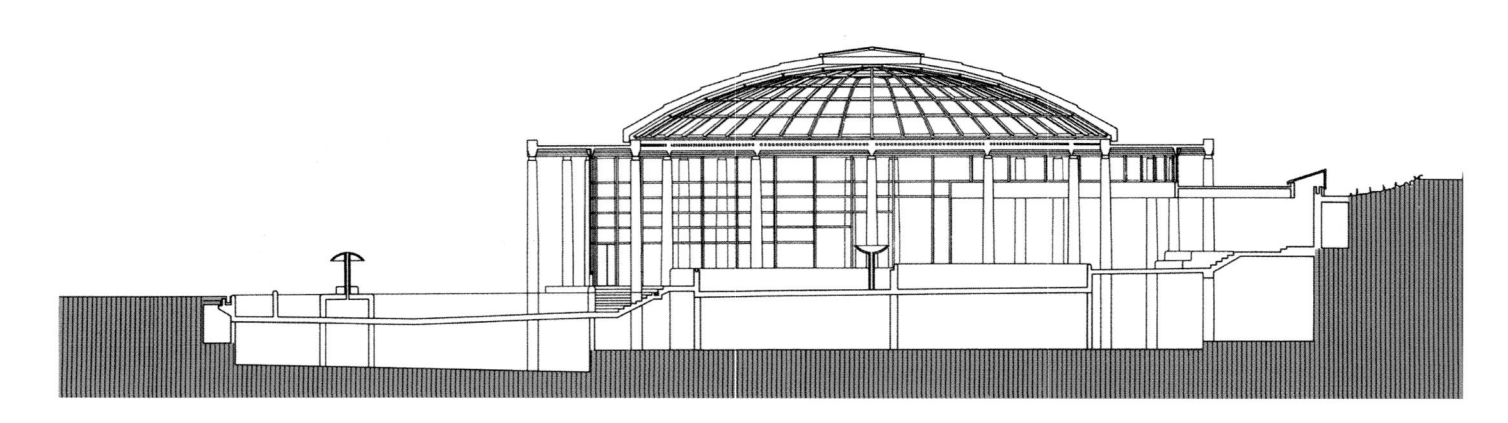

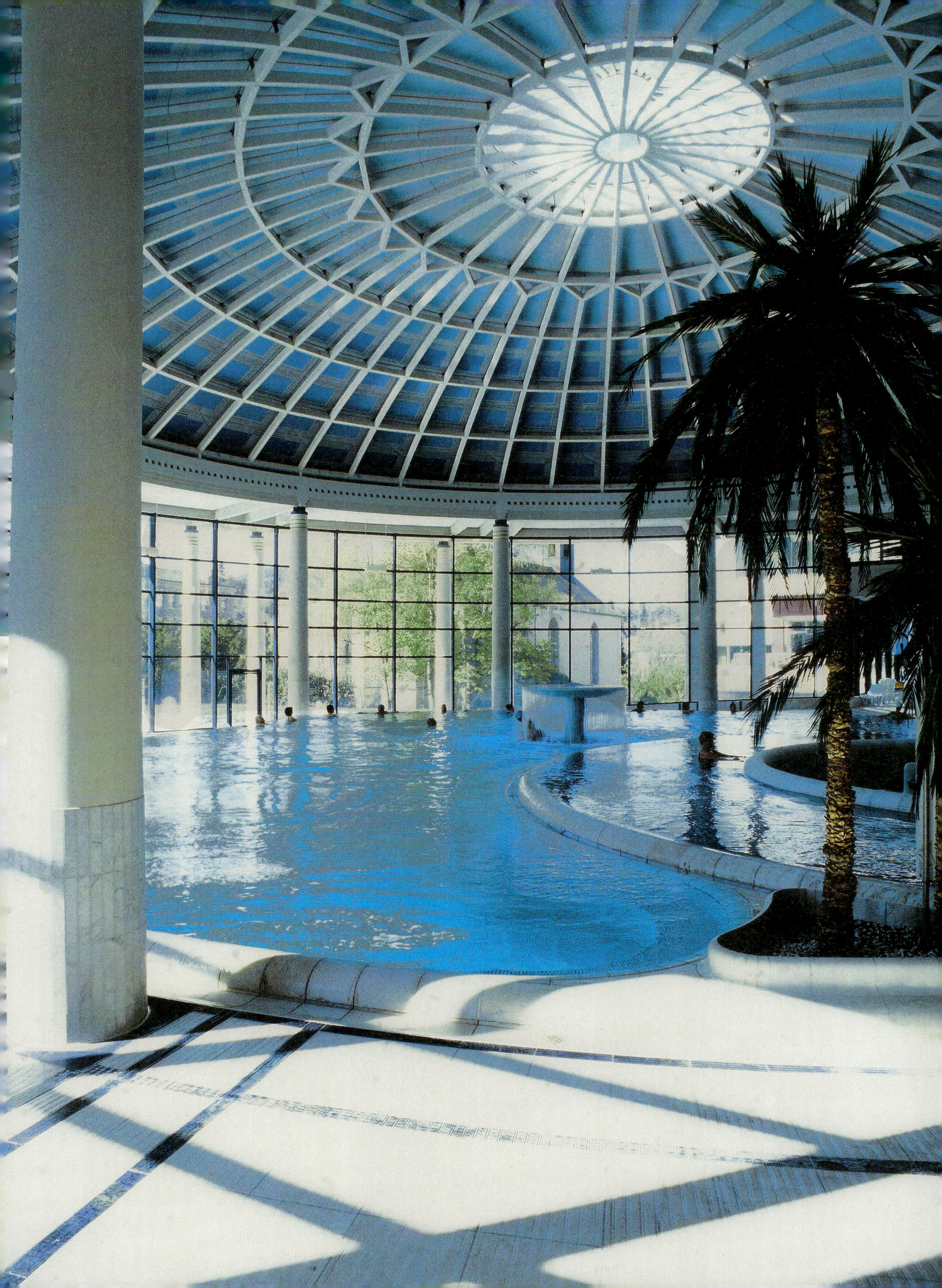

Harmonisch fließend ist auch der Übergang zum Außenbereich gestaltet. Die beiden großen Thermalwasserbecken mit Whirlpools, Strömungskanal, Wasserpilz und Wasserfall sind sehr nahe an den Kuppelbau herangerückt bzw. leicht in den Rundbau hineingeschoben.

Rund 3.000 Quadratmeter umfasst die Caracalla Therme mit den insgesamt fünf terrassenförmig angelegten Innen-Badebecken und den beiden Außenbecken. Lediglich die Kaltwassergrotte (18 Grad Celsius Wassertemperatur) wird mit gewöhnlichem Wasser gespeist, in allen anderen Badebecken in der Caracalla Therme wird reines Thermalwasser ohne Beimischung anderen Wassers verwendet – heruntergekühlt auf Wassertemperaturen zwischen 30 und 34 Grad Celsius sowie 38 Grad Celsius in der Heißwassergrotte und den Whirlpools.

Therapeutischen Effekten, aber auch der Freude am Thermalwasser und der Abwechslung beim Baden dienen die vielen Massagedüsen, die Luftsprudeleinrichtungen in Liegen, Grotten, Sitzbänken und Sitznischen, die sieben Nackenduschen, der Strömungskanal und andere Einrichtungen.

Während einige Solarien und der Inhalationsbereich in Räumen an der Bergseite am Rand des Rundbaus zu finden sind, erreicht der Gast über eine Wendeltreppe von der Thermenhalle aus die zur Eröffnung etwa 750 Quadratmeter große Saunalandschaft (drei Saunen mit 85, 90 und 95 Grad Celsius, Fußwärmebecken, Solarien und Ruhezonen).

Im Zuge des Neubaus der Caracalla Therme wurde auch die eingeschossige Tiefgarage umgebaut: Die Garage erhielt neue Zu- und Abfahrtsrampen (Anbindung an die Zufahrt Rheumakrankenhaus zur Vincentistraße) und wurde auf insgesamt 220 Stellplätze erweitert. Der Bädershop im Eingangsbereich der Caracalla Therme und das Bistro im ersten Stock komplettierten das Angebot.

Für Baden-Baden waren und sind Bäderbauten immer von besonderer Bedeutung. Die neue Caracalla Therme wurde diesem Anspruch voll und ganz gerecht.

The new Caracalla Thermal

Baden-Baden had a new thermal. The first impression that the Caracalla Thermal gave during the opening party, was notably positive. The new entrance area of the thermal presents itself light and generous, with its big steps leading to the bathing area in the 1st floor. The real entrance to the thermal is situated here, as well as the cafeteria and a resting area with 3 marble-drinking-fountains.

Coming from the locker rooms, you'll get the view in the big thermal hall, which is carried by columns. Big glass facades, the dome hull and the more than 2 meters high statue of the Venus of Knidos grant a relaxing atmosphere to the wide room. The way to the outside area with its whirlpools, current channel, water fungus and water fall is harmonically flowing.
The water expanse of the pools in- and

outside is approximately 900 square meters big. Except of the cold-water-grotto, all pools are filled with pure thermal spring water, which is cooled down to 30-38 degrees. 25 massage nozzles and many other equipping are helpful for therapeutic effects and enjoying the thermal spring water. Using a spiral stair case you'll reach the big sauna area.

Les nouveaux Thermes de Caracalla

Baden-Baden avait donc un nouveau bain thermal. La première impression donnée par les Thermes de Caracalla pendant la fête de l'inauguration fut extrêmement positive.

La nouvelle entrée est lumineuse et spacieuse, avec son grand escalier dégagé qui conduit à l'espace aquatique au premier étage.

Là se trouve la véritable entrée des thermes, avec une cafétéria, une salle de séjour avec trois fontaines d'eau potable en marbre.

Venant des cabines de déshabillage, le regard s'ouvre vers le grand hall thermal supporté par des colonnes. Les grandes baies vitrées, la coupole et la statue de la Venus de Cnide haute de plus de deux mètres, donnent à ce large espace une atmosphère relaxante. La transition vers l'espace extérieur est harmonieuse avec ses bains à remous, son canal avec courant d'eau, le champignon d'eau et la cascade.

La superficie totale des bassins intérieurs et extérieurs est d'environ 900 mètres carrés Pour tous les bassins, sauf pour la grotte d'eau froide, l'eau est une eau thermale pure, refroidie à une température comprise entre 30 et 38 degrés centigrades.

Tant pour le plaisir que pour l'efficacité thérapeutique, 25 jets de massage et beaucoup d'autres installations ont été implantés.

Un escalier tournant mène au grande espace sauna

Новые Каракалла Термы

Баден-Баден обрел новую термальную купальню. Уже во время торжественного открытия она производила ощутимо положительное впечатление.

По широкой и легкой лестнице, расположенной в светлом просторном вестибюле, вы можете подняться на второй этаж к купальному отделению. Здесь же находится кафетерий и зал для отдыха, где находятся три мраморные чаши, постоянно наполняющиеся минеральной водой для питья.

Покинув раздевалку, Вы вступаете в обширный зал с бассейном, увенчанный куполом, поддерживаемым колоннами. Пронизанный светом стеклянный фасад, парящая чаша купола, беломраморная двухметровая статуя Венеры внушают ощущение легкости и беззаботности. Покинув закрытый бассейн, посетители буквально вплывают в расположенные на открытом воздухе бассейны с массажными струями, купальным потоком, подхватывающим и несущим купающегося по периметру бассейна, водопадом и фонтаном в форме гриба.

Общая площадь термальных бассейнов около 900 кв.м. Кроме грота с холодной водой все бассейны наполнены неразбавленной термальной водой, остуженной до 30-38°.

25 массажных струй, бьющих в бассейнах, а также другие лечебно-развлекательные устройства доставляют большое удовольствие и приносят значительный терапевтический эффект. Из купольного зала по винтовой лестнице можно подняться к саунам.

1985-1994

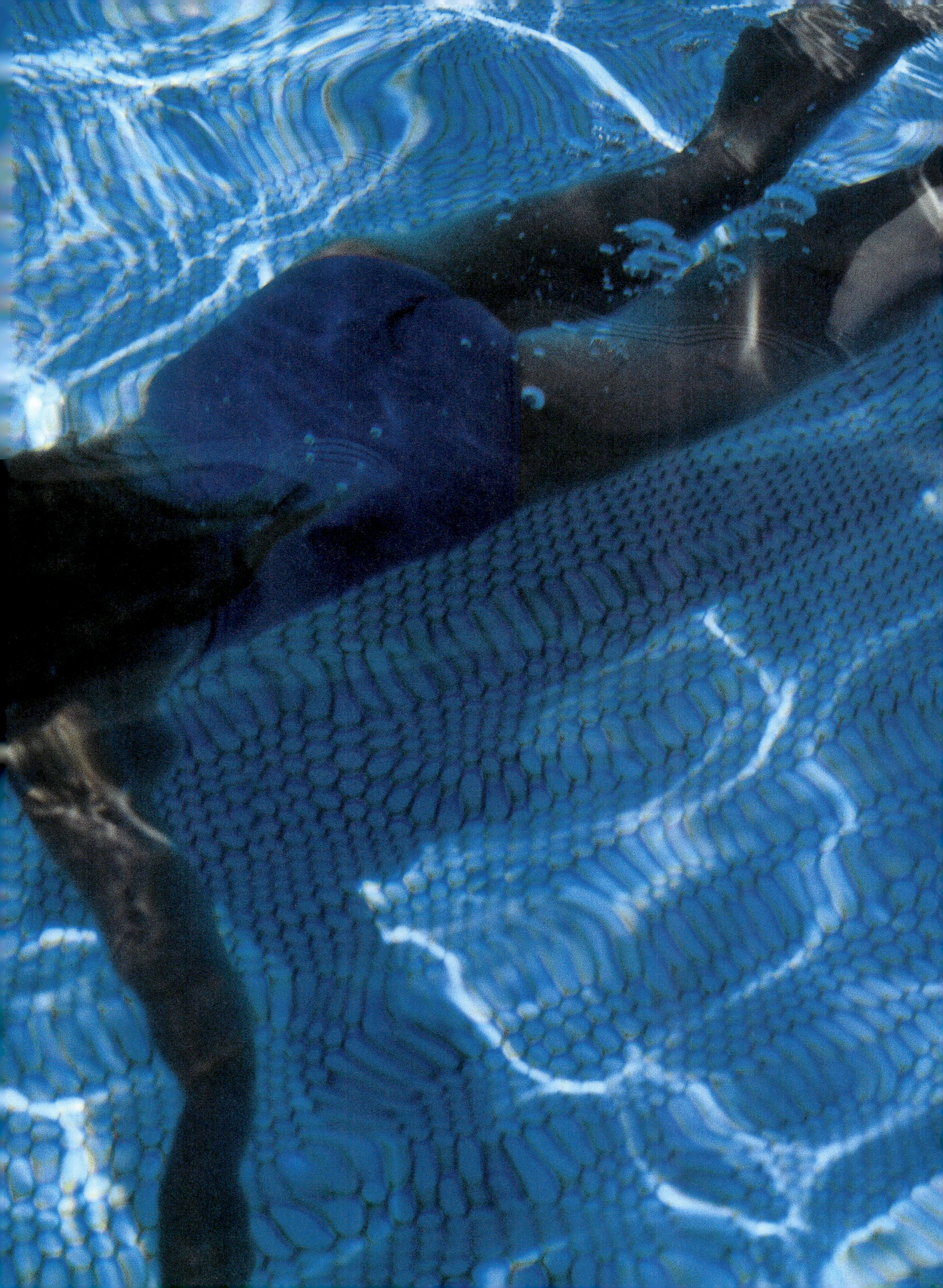

Ein neues Wahrzeichen Baden-Badens

Vor den Erfolg hatten die Götter auch bei diesem Projekt kritische Stimmen gesetzt: Von zu hohen Baukosten, dem Einsatz von Eigenmitteln der Bäder- und Kurverwaltung in großem Umfang und dem damit verbundenen Verkauf von Grundstücken, vom Zweifel an der Technik und an der Konzeption bis hin zum Vorwurf der "Kurortschädlichkeit" reichte die Kritik.

Unter den Bürgern der Stadt wie auch in den Veröffentlichungen der Medien herrschten große Zweifel am prognostizierten Erfolg der neuen Caracalla Therme. Nachdem das kränkelnde Augustabad in seinen letzten Monaten lediglich noch 250 Besucher am Tag zählte, rechnete die Bäder- und Kurverwaltung mit 450 Gästen am Tag in der neuen Therme – für viele eine weit überzogene Erwartung. Schließlich mussten aufgrund der unerwartet stark steigenden allgemeinen Energiekosten die Erwartungen auch noch auf 600 Besucher pro Tag erhöht werden, wollte man die Caracalla Therme kostendeckend betreiben.

Bereits ein Jahr vor der Eröffnung der Caracalla Therme hatte die Bäder- und Kurverwaltung mit dem Slogan "Eine der schönsten Thermen Europas" geworben. Und sie sollte Recht behalten. Entstanden war eine Therme, die nicht nur von außen harmonisch und edel anmutete, sondern ein Bad, dessen Architektur und Ambiente sich auch vom Wasser aus gesehen sehr schön und angenehm präsentierte.

Vom ersten Tag an war das neue Bäder-Schmuckstück ein Besuchermagnet. Rund 1.500 Gäste besuchten jeden Tag die Caracalla Therme und waren begeistert von Atmosphäre, Licht, Raum, Ambiente und Angebot.

Außerdem trugen zwei ganz unterschiedliche Umstände in dieser Zeit dazu bei, dass die Caracalla Therme sofort von Gästen und Bürgern angenommen wurde: einerseits ein Preis für 120 Minuten "alles inklusive", andererseits die Tatsache, dass sich durch die Beschränkung auf 450 Umkleideschränke in der Caracalla Therme nie Enge, Gedränge und Geschiebe einstellten. Für diesen Luxus des Platzhabens in einer entspannenden und gesunden Welt nahmen die Besucher sogar Wartezeiten vor dem Eingang gerne in Kauf.

Die Caracalla Therme präsentierte von Anfang an das neue Konzept. Sie war kein "klassisches Kurbad" wie ihre Vorgängerin, sie war aber auch kein lautes Spaßbad, wie sie in diesen Jahren überall in Deutschland gebaut wurden. Die Caracalla Therme sollte die erste Therme sein, "die Gesundheit und Rehabilitation mit Wohlgefühl und Freude für Körper, Geist und Seele" verband.

Es sprach sich schnell herum, dass in Baden-Baden der erste Wellness-Tempel einer neuen Generation entstanden war. Nationale und internationale Delegationen von Bäderfachleuten, Architekten, Kurort-Verantwortlichen und Kommunalpolitikern gaben sich in den folgenden Jahren – und geben sich auch heute noch – die Klinke in die Hand, um diesen Bäder-Bau von der Technik über die Architektur bis zur Konzeption genau in Augenschein zu nehmen.

Selbst die Japaner, eine Nation mit großer Badetradition, waren enorm beeindruckt – und wollten Anfang der 90er Jahre eine genaue Kopie im Land der aufgehenden Sonne errichten – herrlich gelegen in Atami mit direktem Blick auf den Fudschijama. Die japanischen Interessenten erwarben Lizenz und Pläne zum orginalgetreuen Nachbau der Caracalla Therme, doch der Zusammenbruch des japanischen Immobilienmarktes vereitelte das Projekt kurz vor der Realisierung. Anregungen holten sich viele in

1985

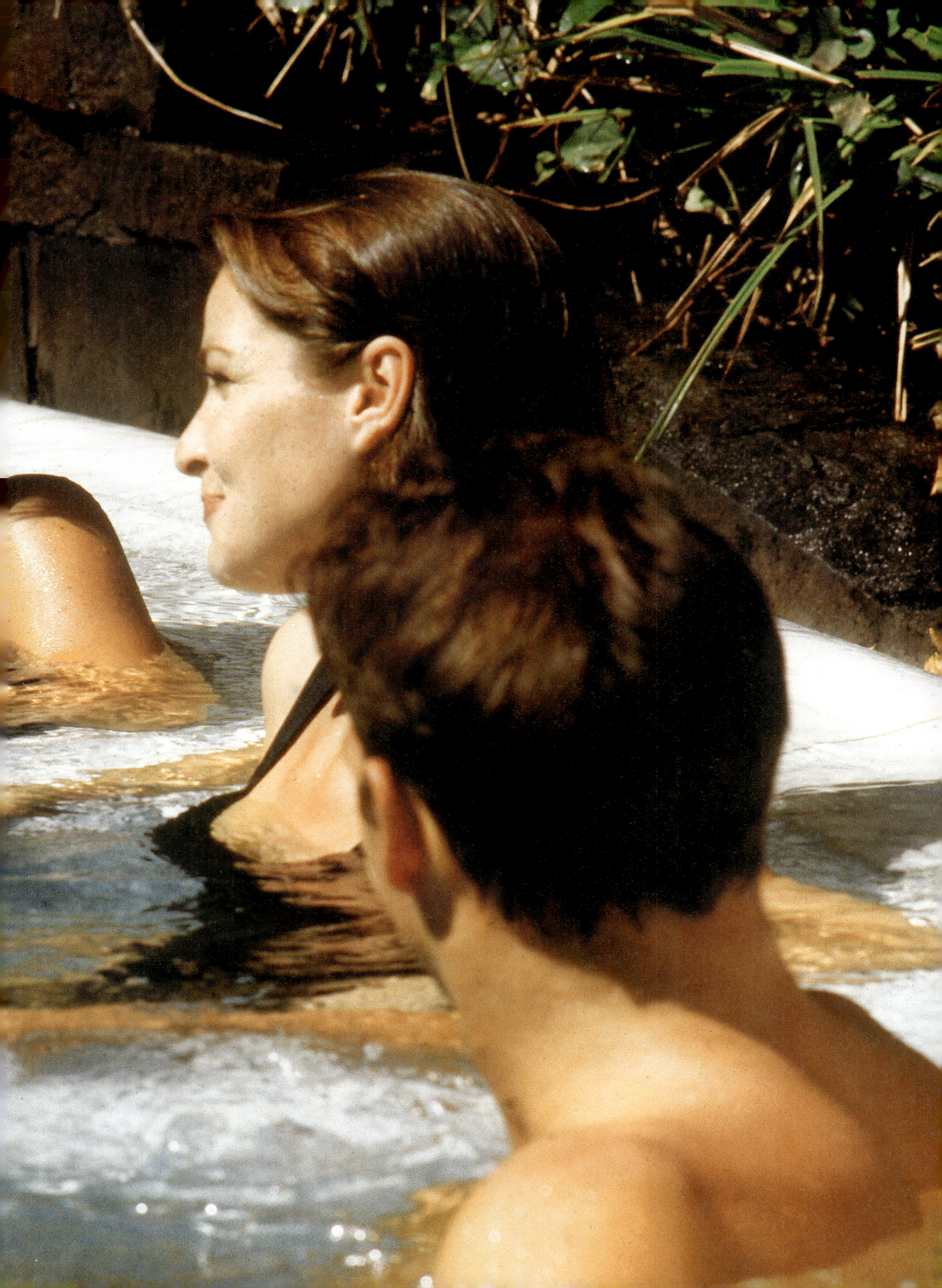

Baden-Baden, und manche Therme, die in den folgenden Jahren gebaut wurde, erinnert – zumindest teilweise – an das Original. Auch das ist ein Kompliment, denn nur was sehr gut ist, wird kopiert.

Das Echo auf die Eröffnung der Caracalla Therme in den Medien im In- und Ausland war ungewöhnlich groß und beeindruckend positiv, polierte das Image der modernen Bäderstadt Baden-Baden neu auf. Journalisten aus Deutschland, Europa und Übersee berichteten über die Caracalla Therme und Baden-Baden.

Welche weit reichenden, auch touristischen Auswirkungen das neue Bäder-Juwel für Baden-Baden hatte, zeigt unter anderem auch, dass hier in den Jahren nach der Eröffnung der Deutsche Bädertag (1986), die DRV-Jahrestagung sowie die deutschlandweite Bahn-Touristikschulung stattfanden. Auch die 14-tägige, bedeutende DER-Reisebüro-Akademie mit rund 1.000 Reisebüro-Agenten machte der Caracalla Therme wegen Station in Baden-Baden – nach dem australischen Sydney und vor Orlando in Florida.

Natürlich unterstützte und nutzte die Bäder- und Kurverwaltung Baden-Baden diesen hohen Aufmerksamkeitsfaktor mit umfangreichen Marketing-Aktivitäten und viel Presse- und Öffentlichkeitsarbeit. Spektakulärste PR-Aktion: der Einbau eines Whirlpools – gefüllt (und immer wieder nachgefüllt) mit original Baden-Badener Thermalwasser – in den Gesellschaftswagen des TEE Rheingold. Der Luxuszug wurde zum "TEE Bad Rheingold" mit der "rollenden Caracalla Therme" (inklusive Palmen, Gymnastik und Caracalla-Cocktail an der Bar) sowie dem Angebot zum Thermalbaden während der Fahrt für die Zuggäste. Die rollende Caracalla Therme war vom 23. September bis zum 1. Oktober 1986 täglich zwischen Düsseldorf und München fahrplanmäßig unterwegs.

In den folgenden Jahren war die Caracalla Therme Modellfall und Erfolgsmodell zugleich, sie wurde zu einem der Haupt-Merkmale Baden-Badens und zum Wahrzeichen der internationalen Bäderstadt.

Doch ganz langsam zeichneten sich drohende Schatten auch über dem glitzernden Thermalwasser ab. Ursachen dafür gab es viele: eine kontrovers geführte Diskussion um die Gesundheitsreformen, der Rückgang der auf Rezept verschriebenen Kur-Aufenthalte und Kur-Anwendungen, die restriktive Haltung der Krankenkassen, die immer mehr Leistungen in diesem Bereich strichen, die kritischen Stimmen, die "das ungleiche Verhältnis von Kosten und Nutzen bei Kuranwendungen" bemängelten oder gar deren medizinischen Wert bezweifelten und viele andere Aspekte mehr.

Nicht zuletzt als Antwort auf diese Entwicklung waren auch neue Trends im Kur- und Bäderwesen zu erkennen: "Prävention statt Rehabilitation" war beispielsweise eines der Schlagworte, die "Kompaktkur" ein anderes, und natürlich war die Welle "Fitness, Wellness und Beauty" mit ihren ganzheitlichen Aspekten nicht mehr aufzuhalten.

Die Folge war unter anderem, dass zum Beispiel im Jahr 1990 der Therapiebereich der Caracalla Therme nur noch teilweise belegt und eine Besserung nicht in Sicht war. Im Gegenteil. Baden-Baden und die Caracalla Therme standen vor neuen Herausforderungen.

TEE Rheingold, 1986

A new landmark

Doubts at the forecasted success of the new Caracalla Thermal were spread very much beyond the inhabitants and the media. After the Augusta Thermal had only 250 guests per day in the last months, the bath-cure administration thought of 450 guests per day in the new thermal. For many people this was a punched expectation.

But from the first day on the new spa jewelry was a visitor magnet. Ca. 1500 guest visited the Caracalla Thermal every day and were inspired by the atmosphere, light, space, ambience and offer. The Caracalla was no "classic cure thermal" and no noisy entertainment bath.

The news, that there is the first wellness-temple of a new generation in Baden-Baden spread quite fast. In the following years lots of national and international delegations of spa experts and architects came to Baden-Baden to analyze the thermal building regarding technique, architecture and conception.

Many people got their ideas in Baden-Baden and some thermals that were built in the following years, remind at least partly to the original. The echo from the opening of the Caracalla Thermal in the media and tourism-field in the inland and foreign countries was exceptionally big and impressively positive. In the following years the Caracalla Thermal got the "main symbol" of Baden-Baden and the landmark of an international spa town.

But after years of success an imminent shadow slowly emerged over the sparkling thermal spring water. The reason for this was, among others, the restrictive posture of the health insurances, which cancelled more and more services of cure applications. Moreover there was a new trend: "prevention instead of rehabilitation" and "fitness, wellness and beauty" with its whole aspects.

Baden-Baden and the Caracalla Thermal had a new challenge.

Un nouvel emblème

Des doutes quant à la réussite des nouveaux thermes s'étaient propagés, tant parmi les médias que la population. Alors que le Bain Augusta n'accueillait plus que 250 visiteurs par jour les derniers mois, l'administration des thermes et du Kurhaus Baden-Württemberg tablait sur 450 curistes par jour dans les nouveaux thermes – pour beaucoup, ce chiffre semblait exagéré.

Cependant, dès le premier jour la nouvelle étoile du bain attirait les visiteurs. Environ 1.500 personnes vinrent chaque jour et furent enthousiasmées par l'atmosphère, la lumière, l'espace, l'ambiance et les prestations : Les Thermes de Caracalla n'étaient ni «un bain thermal curatif classique», ni un «parc aquatique bruyant».

Il se répandit rapidement de bouches à oreilles, que le premier temple Wellness nouvelle génération était naît à Baden-Baden. Des délégations nationales et internationales d'experts en balnéothérapie et d'architectes, vinrent ensemble étudier cette construction balnéaire, de son aspect technique à son architecture. Baden-Baden inspira beaucoup de gens, et certains bains thermaux construits dans les années suivantes ressemblent au moins en partie à l'original.

L'impact de l'ouverture des Thermes de Caracalla tant dans les médias qu'au plan touristique fut important et remarquablement positif à l'intérieur et l'extérieur du pays. Dans les années qui suivirent, les Thermes de Caracalla devinrent une des attractions principales de Baden-Baden et un symbole international de la cité balnéaire.

Mais après des années florissantes, des ombres se profilèrent sur le monde du thermalisme. La raison principale en était la position plus restrictive des caisses d'assurance maladie, qui supprimaient de plus en plus les remboursements de soins curatifs. En outre, de nouvelles tendances apparurent «Prévention plutôt que guérison» et «fitness, wellness et beauté» dans leur intégralité.

Baden-Baden et les Thermes de Caracalla étaient donc de nouveau mis au défit.

Новый символ города

Средства массовой информации и жители города сомневались в прогнозируемом успехе новых купален. После немощной «Новой Августабад», привлекавшей в последние месяцы своего существования от силы до 250 посетителей в день, прогноз курортного управления – 450 посетителей в день многим казался нереальным.

Но уже с первых дней существования эта жемчужина термальной архитектуры стала притягательной для посетителей. Ежедневно Каракалла Термы посещали до 1.500 любителей термальных купаний, не устававших восхищаться их уникальной атмосферой, просторными светлыми помещениями, лечебно-развлекательными процедурами. Каракалла была чем-то средним между классической лечебной купальней и местом отдыха и развлечений.

Вскоре широко распространилась информация о том, что в Баден-Бадене появился храм здоровья нового поколения. В двери нового термального комплекса стали стучаться многочисленные делегации специалистов из Германии и других стран, чтобы увидеть его своими глазами и познакомиться с концепцией, архитектурой и техническими данными этого купального сооружения. Каракалла Термы явились для многих источником вдохновения, и построенные в последние годы термальные комплексы нередко носят отпечаток их влияния.

Открытие Каракалла Терм вызвало чрезвычайно широкий и впечатляюще положительный резонанс в средствах массовой информации и в туристической среде, как в Германии, так и за ее пределами. В последние года Каракалла Термы стали главной достопримечательностью Баден-Бадена и символом международной значимости города-курорта.

Но после многолетнего успеха над блистающей поверхностью термальной воды стали собираться грозовые тучи. Одной из причин этого было то, что больничные кассы постоянно вычеркивали лечебные водные процедуры из перечня предоставляемых оздоровительных услуг. Кроме того, возникли новые тенденции: «Профилактика вместо реабилитации» и «Движение, здоровье и красота» со всеми вытекающими отсюда последствиями.

Баден-Баден и Каракалла Термы должны были ответить на вызов времени.

Weichenstellung

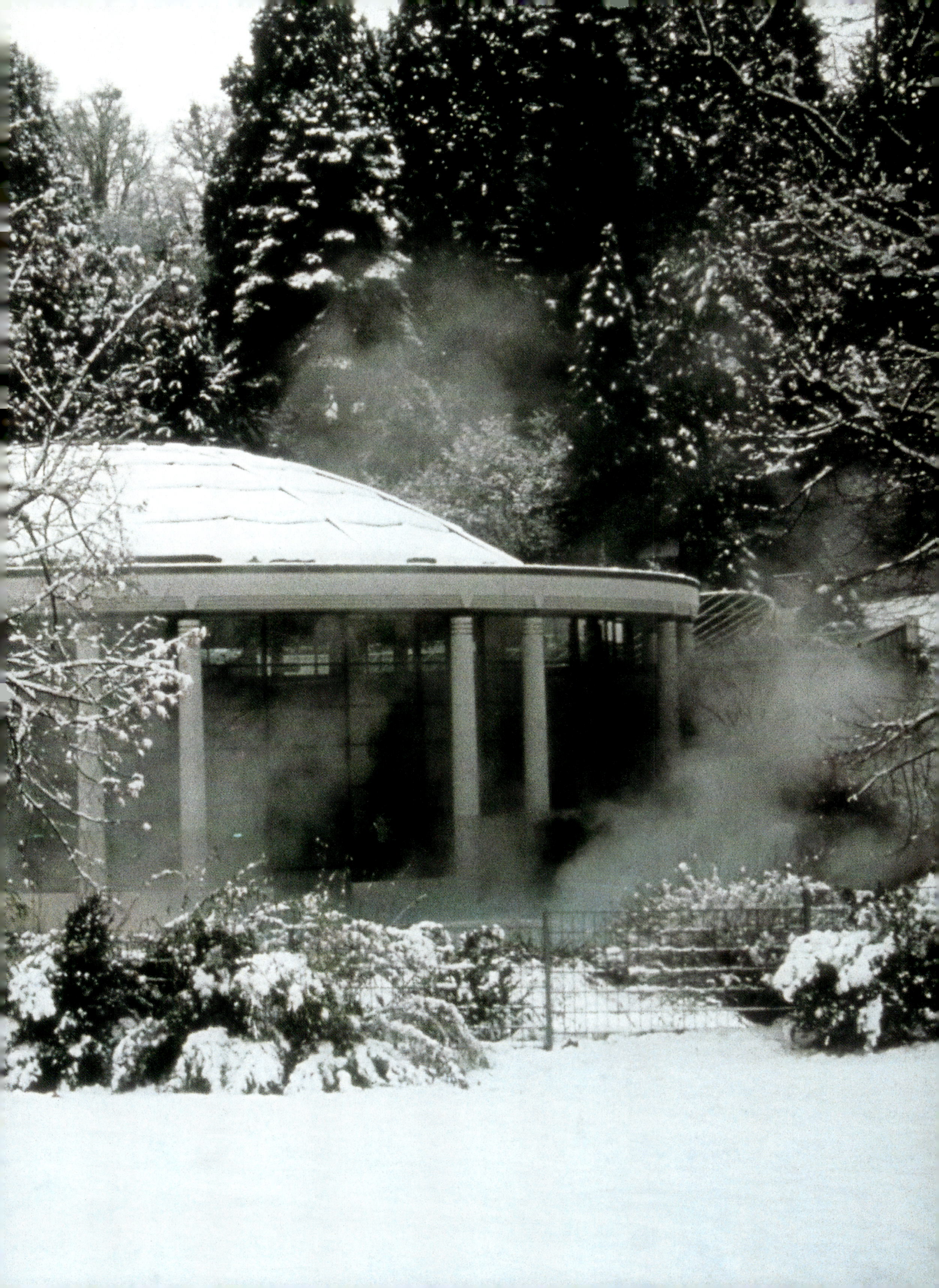

Die Bäderstadt im Umbruch

In dieser für Kurorte und Thermalbäder grundsätzlich schwierigen Situation, die noch verstärkt wurde durch eine sich abzeichnende Stagnation (wenn nicht gar einen Rückgang) auf dem Touristik-Sektor, sollte das Bäderwesen in Baden-Baden mit Friedrichsbad und Caracalla Therme noch vor eine zusätzliche Herausforderung gestellt werden: Die Bäder- und Kurverwaltung Baden-Baden (BKV), unter deren Regie die Caracalla Therme konzipiert, gebaut, betrieben und vermarktet worden war, sollte es in dieser Form nicht mehr geben. Die öffentlich-rechtliche Institution (getragen je zur Hälfte von der Stadt Baden-Baden und dem Land Baden-Württemberg) stand – je nach Lesart – vor der "Auflösung" oder der "Zerschlagung".

Sollten die Thermalbäder nun in der Regie des Landes, des Eigentümers der Immobilien, betrieben werden? Sollte die Stadt Betreiberin werden? Oder würde eine private Bäder-Gesellschaft die Zukunft der Bäderstadt Baden-Baden sichern können?

In einem ausführlichen Gutachten bescheinigte die Unternehmensberatung Roland Berger dem Bäderbereich in Baden-Baden nun "hohe Defizite" und empfahl dringend die Privatisierung, weil "mit einem schwerfälligen Apparat" eine Zukunftssicherung "nicht zu machen" sei. Rund 500 Ausschreibungsunterlagen wurden daraufhin versandt, das nationale und internationale Interesse, den Thermalbäder-Bereich in Baden-Baden zu übernehmen, war ausgesprochen groß. Den Zuschlag bekam schließlich die neu gegründete Gesellschaft Carasana Bäderbetriebe GmbH mit den beiden Gesellschaftern Dr. Thomas Kirchhofer und Bernd Kannewischer. Carasana-Gesellschafter Thomas Kirchhofer betreibt mit großem Erfolg im schweizerischen Rheinfelden ein Kurzentrum mit Solebad, Hotel und Therapiezentrum.

Kannewischer, der seit 1972 in Zug in der Schweiz und seit 1979 in Baden-Baden ein Ingenieurbüro betrieb (und noch betreibt) und der bereits zahlreiche Bäder konzipiert hatte, war wie nur wenige andere vertraut mit der Caracalla Therme. Bei Konzeption und Bau Anfang der 80er Jahre war Kannewischer mit dem Bereich Technik sowie mit der bäderfachlichen Beratung beauftragt gewesen.

Im Juli 1994 übernahm die Carasana Bäderbetriebe GmbH die Verantwortung für den Betrieb von Friedrichsbad und Caracalla Therme. Die Bäder- und Kurverwaltung Baden-Baden hatte mit einer der ersten öffentlich-privaten Kooperationen ("Privat-Public Partnership") eine für die Caracalla Therme zukunftsweisende Initiative realisiert und Baden-Baden auch in diesem Bereich zu einer Vorreiterrolle verholfen.

An den Eigentumsverhältnissen änderte sich nichts. Das Land Baden-Württemberg blieb Eigentümerin der Thermalbäder Baden-Badens, verwaltet werden sie nun von der Bäder- und Kurverwaltung Baden-Württemberg mit Sitz in Baden-Baden.

The changing spa town

In this difficult situation there was a further challenge for the spa essence in Baden: the spa- und cure administration of Baden-Baden (BKV) that directed the Caracalla Thermal being conceived, built, run and market, has been – depending on the view – dissolved or broken up.

A consulting company recommended in a detailed report to transfer it into private property. The national and international interest was really enormous. The new founded association Carasana Bäderbetriebe GmbH with its both executives Dr. Thomas Kirchhofer and Bernd Kannewischer finally got the acceptance of the tender.

In July 1994 the Carasana Bäderbetriebe GmbH took over the responsibility for the run of the Friedrichsbad and the Caracalla Thermal.

La cité balnéaire dans la tempête

Dans cette situation difficile, le caractère balnéaire de la ville était mis au défi. Obstacle supplémentaire : l'Administration des thermes et du Kurhaus Baden-Württemberg, qui avait conçu, et qui gérait les Thermes de Caracalla, fut mis en liquidation.

Un cabinet de consultant recommanda dans son expertise la privatisation. L'intérêt tant national qu'international fut éveillé.

L'adjudication fut finalement attribuée à la société «Carasana Bäderbetriebe GmbH», qui fut créée pour l'occasion, avec en associations le Dr Thomas Kirchhofer et Bernd Kannewischer.

En juillet 1994 la société «Carasana Bäderbetriebe GmbH» prenait en charge la gestion du Friedrichsbad et des Thermes de Caracalla.

Переломный период в жизни курортного города

В этой сложной ситуации курортная жизнь в Баден-Бадене оказалась еще перед одной проблемой. Курортное управление, в недрах которого родилась идея создания Каракалл, был разработан проект, осуществлено строительство, в чьем ведении находились Каракала Термы, произошел, как вам будет угодно: либо распад, либо раскол.

В подробнейшем отчете экспертов было рекомендовано приватизировать комплекс. Интерес к этому предложению был чрезвычайно высок как в Германии, так и за ее пределами.

В конце концов, победило созданное незадолго до этого предприятие с ограниченной материальной ответственностью «Каразана – эксплуатация купальных бассейнов», которым руководили доктор Томас Кирхофер и доктор Бернд Канневишер.

В июне 1994 года «Каразана – ООТ» полностью переняло эксплуатацию Фридрихсбад и Каракалла Терм.

1994: Aufbruch

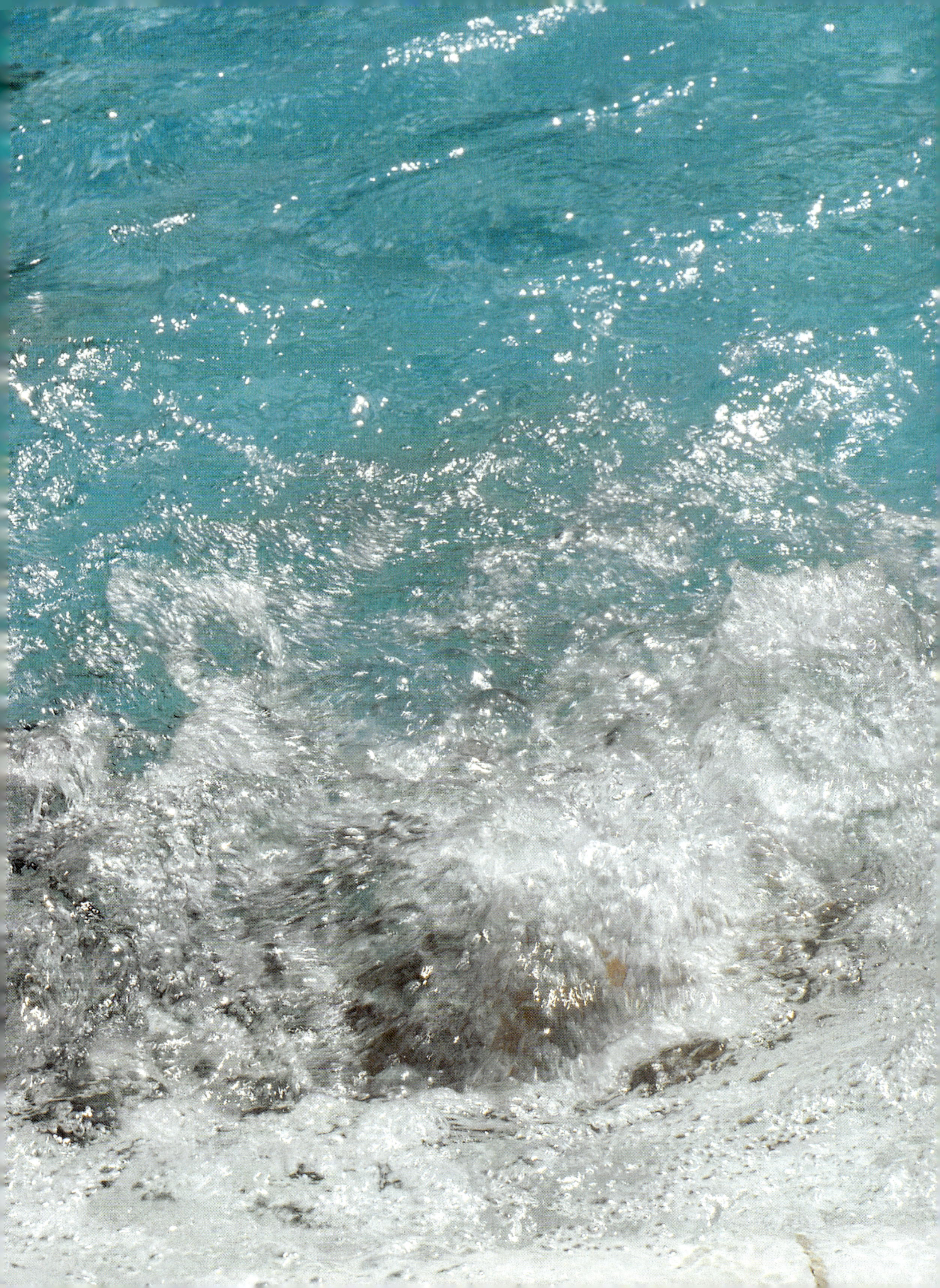

Die neue Bäder-Philosophie

Zunächst änderte sich nichts. Lediglich die Cafeteria war geschlossen, ansonsten genossen die Besucher wie gewohnt Thermalbad, Sauna und Wohlfühl-Atmosphäre in der Caracalla Therme. Nach dem Boom der ersten Jahre war allerdings etwa seit 1990/91 zum ersten Mal in der Geschichte dieses Bades ein, wenn auch zunächst geringes, Nachlassen bei den Besucherzahlen zu beobachten.

Hinzu kam, dass eine Trendwende im deutschen Gesundheitswesen und insbesondere im Kurbereich wegen den sich weiterhin verschlechternden Rahmenbedingungen nicht abzusehen war. Im Gegenteil. So ging der große Bereich der "Kurmittel", der verordneten therapeutischen Kur-Anwendungen von "Bewegungsbad" über "Krankengymnastik" und "Offene Badekur" bis "Fangopackungen" weiter steil bergab und drohte vollständig wegzubrechen – von Bädern und Kurstädten in keiner Weise zu beeinflussen.

Etwa ein halbes Jahr ließ die Carasana GmbH die Caracalla Therme unverändert, beobachtete Betrieb und Besucherwünsche und stellte das bereits ein Jahr zuvor begonnene neue inhaltliche Konzept für die Zukunft des Bäder-Juwels in Baden-Baden fertig. Dann sollte die Caracalla Therme zu neuer Blüte erwachen.

Die grundsätzliche Konzeption der Caracalla Therme, die ja zum ersten Mal die Trennung zwischen Gesundheit und Wohlfühlen und Freude aufgehoben, die beiden Welten versöhnt und damit eine Vorreiterrolle übernommen hatte, mussten und wollten Kannewischer und Kirchhofer nicht ändern.

Sehr wohl aber war es 1994 dringend notwendig, vor dem Hintergrund der gesundheitspolitischen und wirtschaftlichen Gesamtentwicklung sowie angesichts eines boomenden Wellness-Trends, der Caracalla Therme eine Kur zu verschreiben.

Basierend auf dem Grundgedanken der römischen Badephilosophie und der großen Badetradition der Stadt ruhte das neue inhaltliche Konzept für den Bäderbereich auf drei Säulen: Auf körperliche Bewegung und Sport folgt die wechselwarme Anwendung (Thermalbad, therapeutische Anwendungen) mit anschließender Ruhe und mentaler Erholung. Das Ziel ist ein ganzheitliches Wellness-Konzept für Gesundheit, Erholung und Entspannung für Körper, Geist und Seele.

An diesem Ziel sollten ab Ende 1994 alle Änderungen, alle Angebote für den Gast und alle Investitionen ausgerichtet sein. In den folgenden zehn Jahren wurden dafür insgesamt über zehn Millionen Euro investiert (in etwa zu zwei Dritteln vom Land Baden-Württemberg und zu einem Drittel von der Carasana Bäderbetriebe GmbH getragen). Die öffentlich-private Partnerschaft funktionierte reibungslos, fruchtbar und zur beiderseitigen Zufriedenheit.

Die Caracalla Therme galt bei ihrer Eröffnung als eine mutige, zukunftsweisende Innovation. Ihr Aufmerksamkeit erregendes Konzept "Gesundes Baden mit Freude und Entspannung" hatte vom ersten Tag an bis dahin gewohnte Abgrenzungen durchbrochen und der traditionellen Form des Thermalbadens neue, zeitgemäße Aspekte hinzugefügt.

Innovativ sollte es weitergehen. Kirchhofer und Kannewischer, dessen Sohn Dr. Stefan Kannewischer 2001 in die Geschäftsführung der Carasana GmbH eintrat, begannen nun mit der Realisierung ihrer modernen Bäder-Philosophie für das Bäder-Juwel. Baden im Thermalwasser, Gesundheit, Therapie, Rehabilitation, Prävention, Erholung, Entspannung und Lebensfreude würden hier eine harmonische Symbiose eingehen: Es entstand die Wellness-Welt Caracalla Therme.

The new spa-philosophy

First there were no changes. There was only a slight decrease of the visitor numbers of the Caracalla Thermal, which was a result of the always worse-getting frame conditions of the German health care.

Almost a half year later the Carasana GmbH presented the textual new concept. The spa-field was now based on three columns: physical movement and sports followed by alternating cold and warm applications (thermal baths, therapeutic applications) followed by relaxing and mental rest. The aim: a whole wellness-concept for "body, spirit and soul".

Kirchhofer and Kannewischer then started realizing their modern spa-philosophy: bathing in thermal spring water, health, therapy, rehabilitation, prevention, rest, relaxing ant zest for live should enter into symbiosis in the Caracalla Thermal.

La nouvelle philosophie balnéaire

Initialement rien ne changea. Simplement, une faible diminution du nombre de visiteurs des Thermes de Caracalla fut observée, conséquence de la dégradation du cadre qu'offrait le régime sanitaire allemand.

Environ six mois plus tard, la «Carasana GmbH» présentait le nouveau concept. Le domaine balnéaire tenait en trois colonnes: D'abord des exercices corporels et sportifs, suivis par des soins à température variée (bain dans l'eau thermale, soins thérapeutiques) et enfin repos et détente mentale. L'objectif : un concept intégral du bien-être pour « le corps, l'esprit et l'âme».

Kirchhofer et Kannewischer commencèrent aussitôt la réalisation de leur nouvelle philosophie balnéaire: Bain dans l'eau thermale, santé, thérapie, remise en forme, prévention, rétablissement, relaxation et joie de vivre devaient être en symbiose dans les Thermes de Caracalla.

Новая философия термальных купаний

Поначалу ничего не менялось. Время от времени наблюдалось некоторое снижение количества посетителей в Каракалла Термах – следствие постоянного роста ограничений в сфере здравоохранения.

По прошествии полугода «Каразана ООТ» представило на обсуждение новую содержательную концепцию. Культура термальных купаний стоит на трех китах: за физической нагрузкой и спортивными упражнениями следует переменное тепловое воздействие (термальные купание и тепловая терапия) и все это венчает фаза покоя и психологическая разрядка. Цель этой всесторонней концепции: оздоровление тела, души и духа.

Кархофер и Канневишер приступили к реализации в Каракалла Термах философии, отвечающей современным требованиям термальных купаний и счастливо соединяющей в себе купание в термальных водах, здоровье, терапию, реабилитацию, профилактику, отдых, снятие напряжения и получение удовольствия от купания.

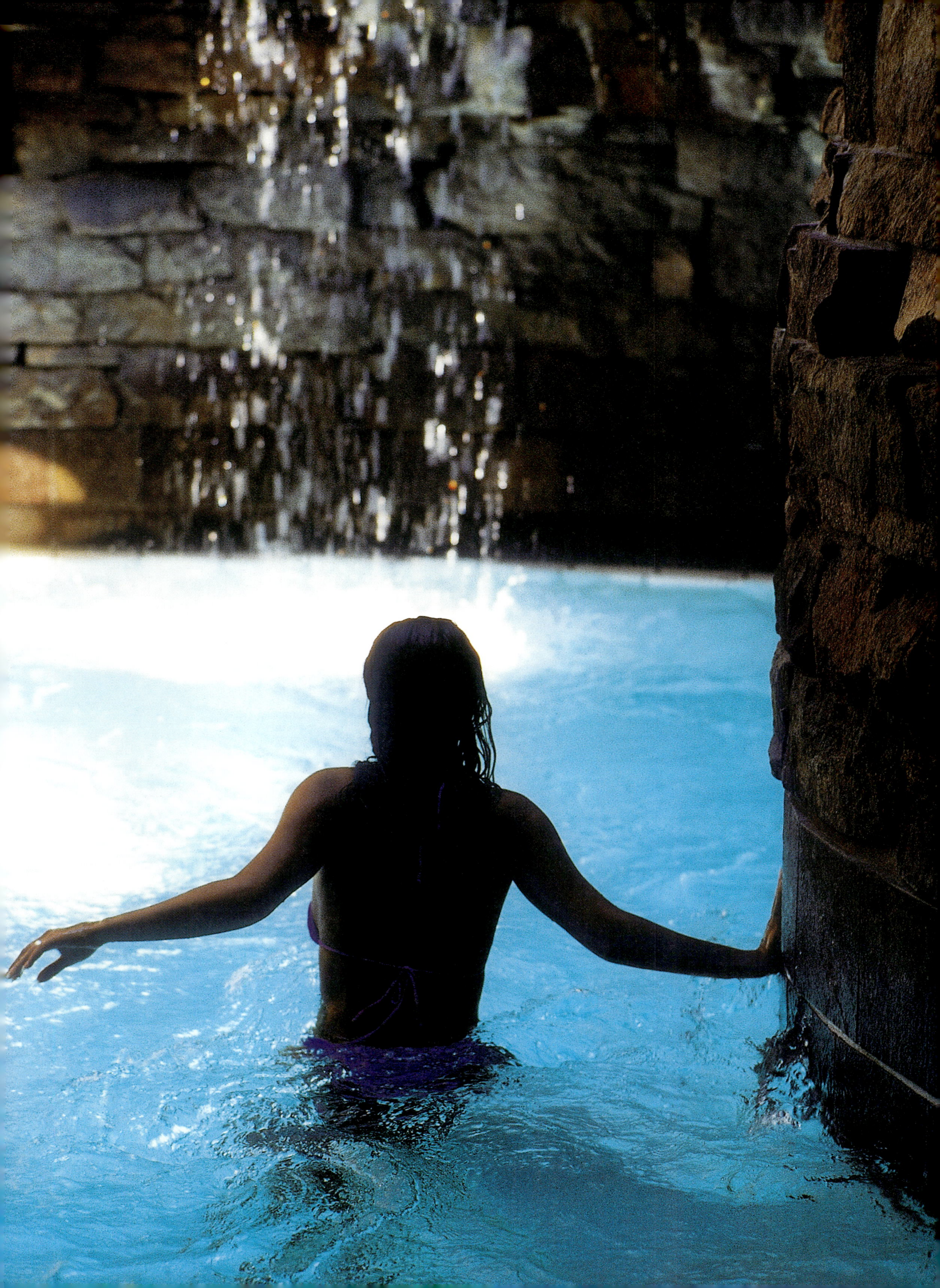

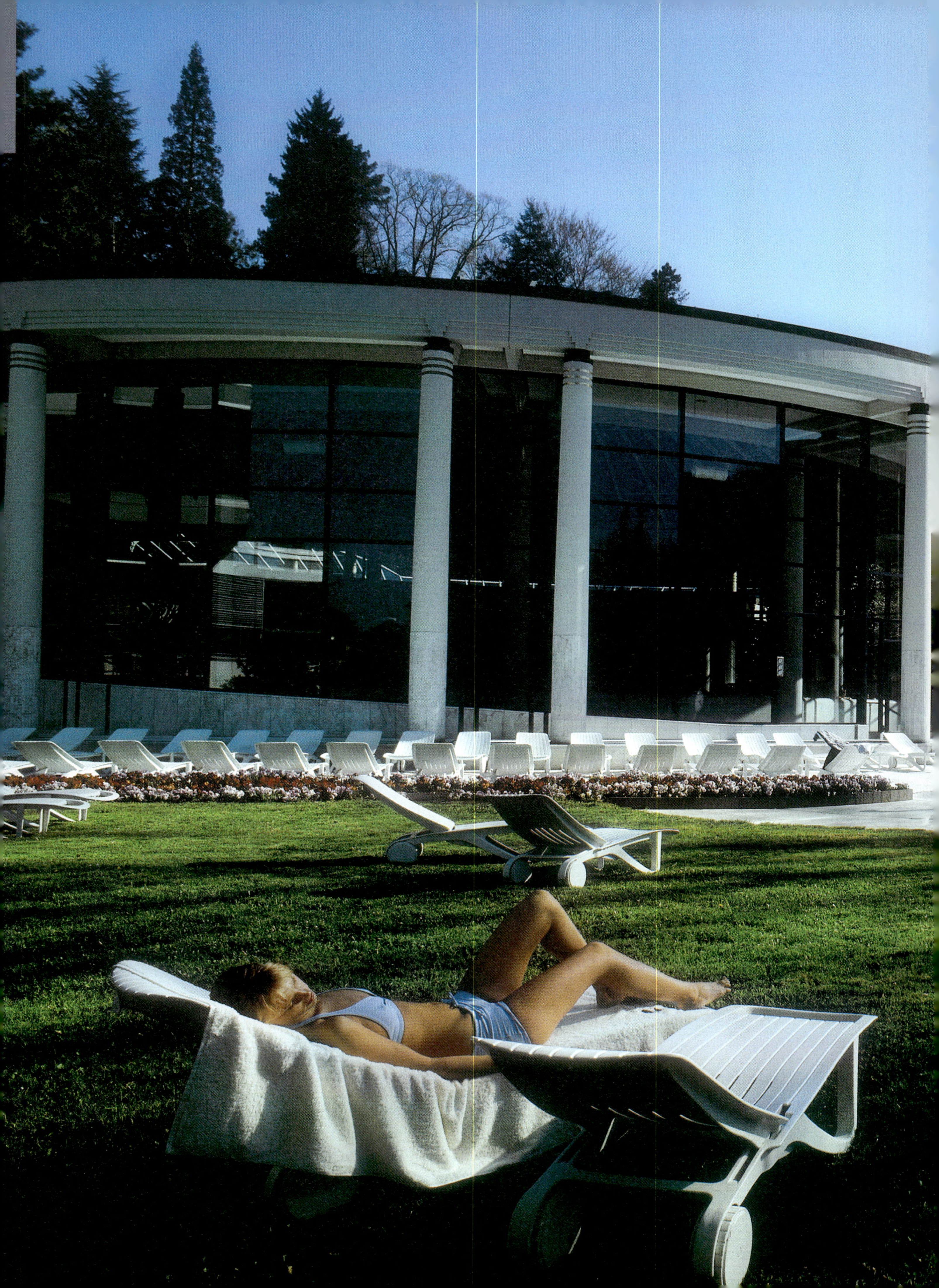

Wellness-Welt Caracalla Therme

Balsam für Körper, Geist und Seele

Die Welt hatte sich verändert, das Leben war schneller, hektischer geworden, und die Unsicherheiten in vielen Lebensbereichen sollten wachsen. Angebote zur Vorsorge und Entspannung, zu Fitness und zum Kraft schöpfen für die alltägliche Hektik werden immer mehr nachgefragt. Dabei steigt der Anspruch auf Qualität – in der kurzen Zeit, die für ein persönliches Programm zum Wohlbefinden verbleibt, erwarten die Menschen optimale Bedingungen. Es gilt stets, neue Chancen zu nutzen, den Anspruch der Menschen und die Wege des Marktes mit der großen Badetradition und einer neuen Bäder- und Wohlfühlphilosophie zu verbinden.

In der praktischen Umsetzung dieses Konzepts sollte sich dabei aber ein erstes, nicht unerhebliches Risiko ergeben – der medizinische Therapiebereich, ursprünglich als "zweites Standbein" für die Caracalla Therme gedacht. Aufgrund der gesundheitspolitischen Entwicklung war der Umsatz im Therapiebereich um etwa 50 Prozent eingebrochen. Dabei erwies sich dieser Bereich schon für "normale Verhältnisse" als viel zu groß: Wegen des ursprünglich fest geplanten, aber nie realisierten Bäderhotels in unmittelbarer Nachbarschaft (unter Einbeziehung der "Alten Polizeidirektion") war der gesamte Therapiebereich der Caracalla Therme entsprechend groß dimensioniert worden.

Aus der Not wurde eine Tugend: Als erste einschneidende Veränderung verlagerte die Carasana Bäderbetriebe GmbH den überwiegenden Teil der medizinischen Anwendungen von der Caracalla Therme ins benachbarte Friedrichsbad, das über ausreichend, zu dieser Zeit ungenutzte Räumlichkeiten verfügte, die nun den angenehmen Rahmen für die medizinisch fundierte Wellness bildeten – in moderner, optimierter Form und mit effizienter Technik.

Gleichzeitig mit der örtlichen Verlagerung des Therapiebereiches startete die Carasana GmbH eine Qualitätsoffensive: Der Gast, der hier medizinische Anwendungen erhält, sollte auch Anspruch auf eine medizinisch und therapeutisch aktuelle Betreuung durch sehr gut ausgebildetes Fachpersonal haben.

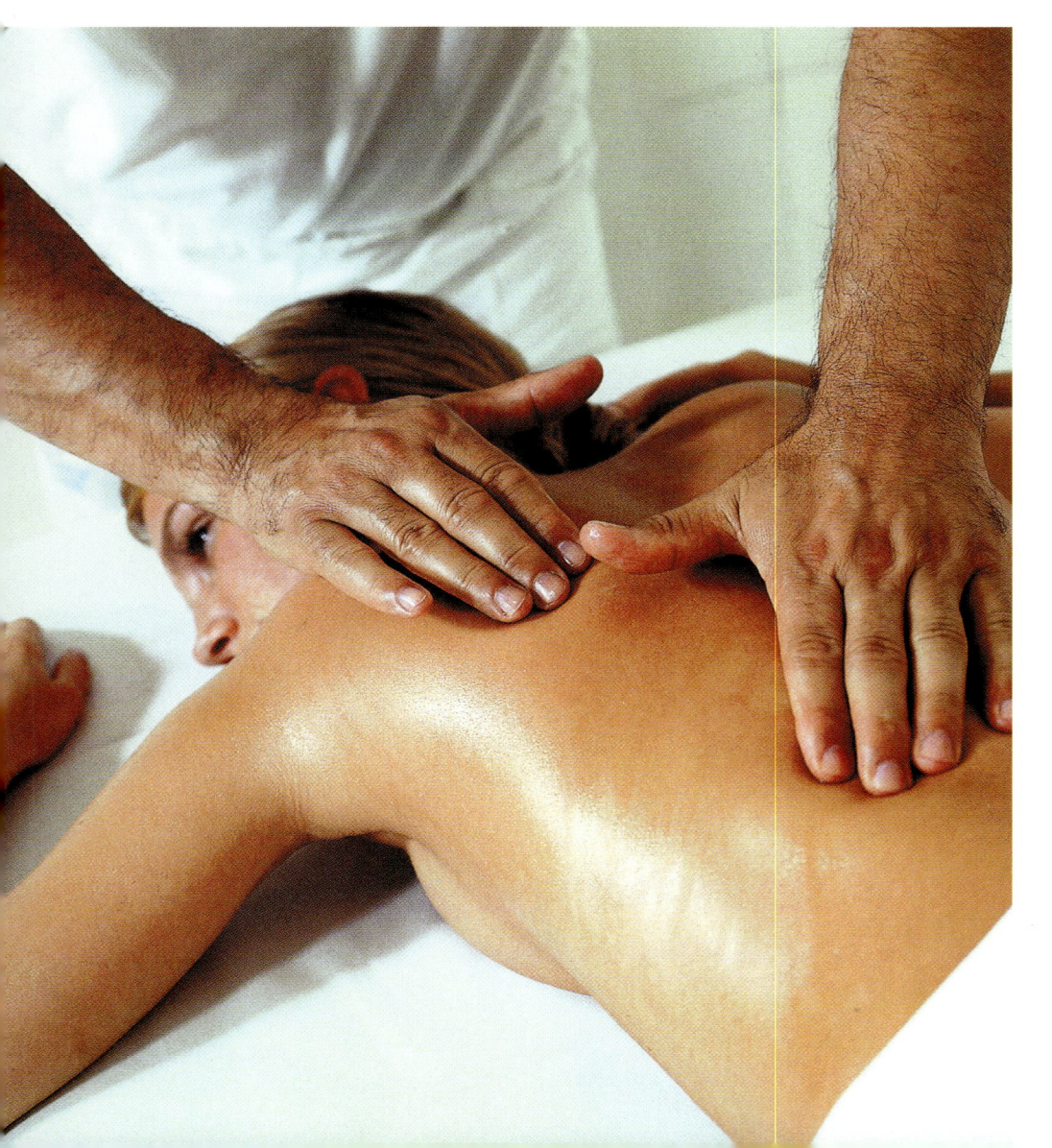

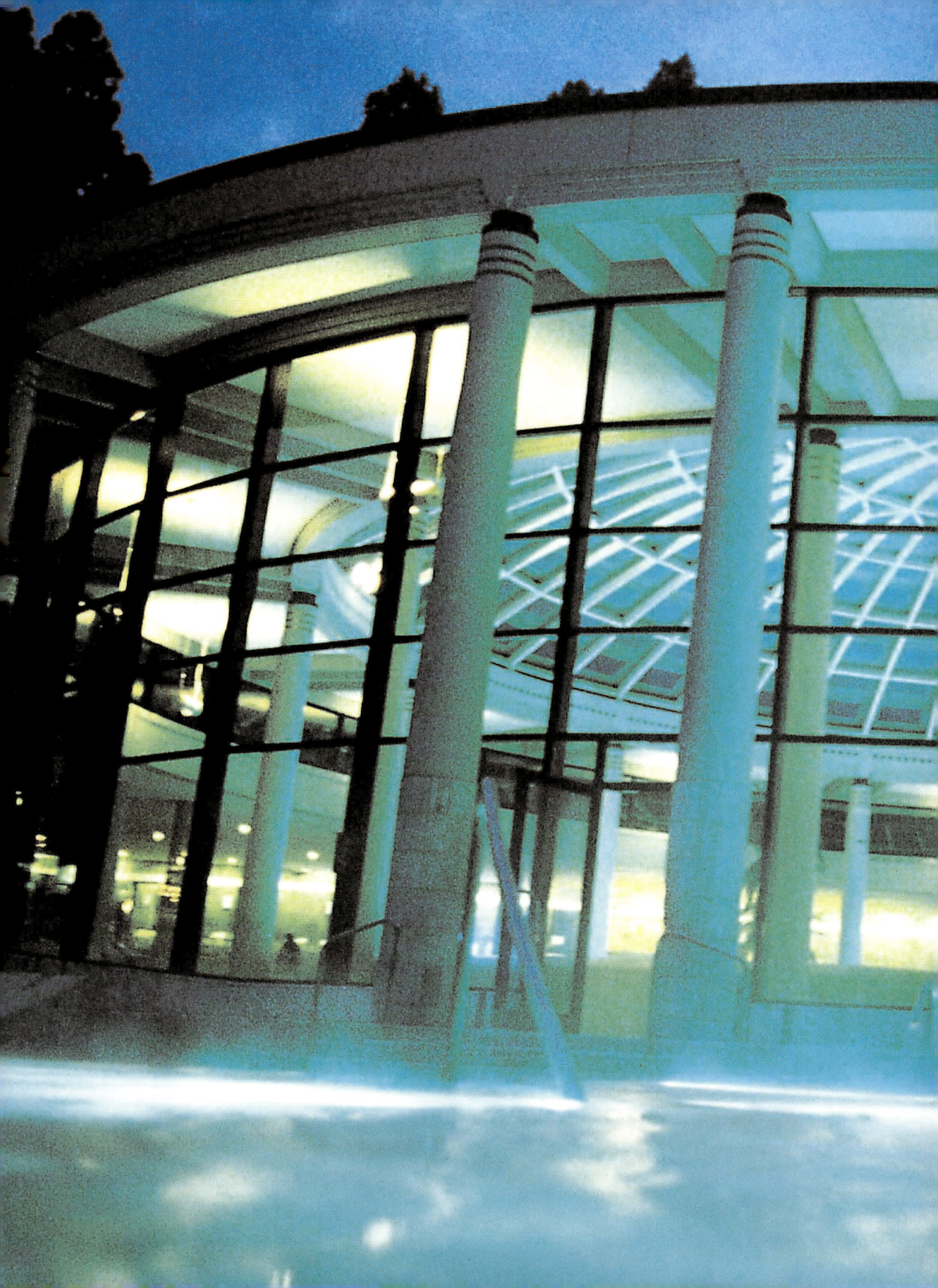

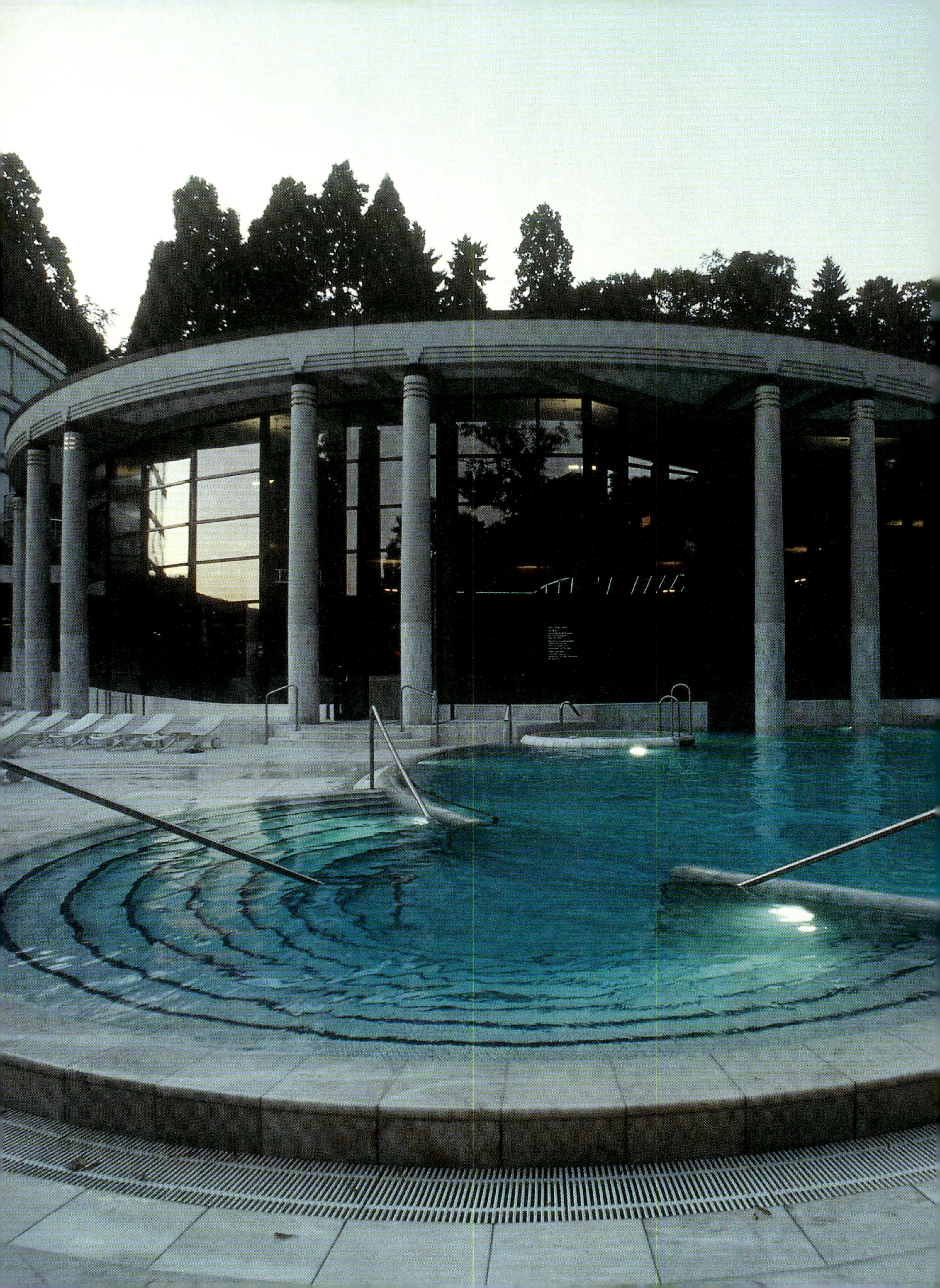

Im 3. und 4. Stock des ehemaligen "Kurmittelhauses" der Caracalla Therme entstand 1996 auf rund 1.500 Quadratmetern über zwei Etagen ArenaVita, ein klimatisiertes Fitness- und Gesundheitsstudio, das seither unter der Leitung eines Trainerteams von Diplom-Sportlehrern und Physiotherapeuten körperliche Aktivitäten anbietet – Rehabilitation und Prävention im Zusammenspiel von Kreislauf und Muskeltraining mit anschließender Entspannung im Thermalwasser, in der Sauna oder im Dampfbad.

Aktive Bewegung an Fitnessgeräten (Schwerpunkte Rücken, Herz-Kreislauf, Abnehmen) und in Kursen ("Trainieren in der Gruppe von Aerobic und Tai-Chi bis Walking und Yoga"). Rehabilitation, Vorbeugung, körperliche Fitness und aktive Entspannung mit Gymnastik gehen hier fließend ineinander über.

Dem großen Saunabereich in der Caracalla Therme widmete die Carasana GmbH besondere Aufmerksamkeit. Nach der ersten Modernisierung, der Erneuerung der Sauna-Technik und einer helleren, freundlicheren Gestaltung mit viel Holz in den 90er Jahren, wurde die Saunalandschaft in der Caracalla Therme im Jahr 2003 komplett neu gestaltet und ein völlig neues Sauna-Konzept realisiert.

Im Stil des großen Kuppelbaus ist jetzt auch der Sauna-Bereich in eine typische Caracalla-Saunalandschaft verwandelt worden. Die ausgefeilte Licht-Struktur schafft eine angenehme Raum-Atmosphäre, Säulen, Mosaiken, Figuren, Steintafeln und andere Gestaltungselemente aus den Römischen Badruinen schlagen den Bogen vom Ursprung der Bade-Tradition Baden-Badens zur modernen Wellness-Welt.

Natürlich kann der Gast immer noch zwischen verschieden temperierten Saunen wählen. Moderne Erkenntnisse, neue Techniken und nutzerfreundliche Angebote ergeben nun "das Erlebnis Caracalla-Sauna" mit fünf verschiedenen Saunen im Innenbereich und zwei Saunen im Schlossgarten: so unter anderem mit der Aroma-, der Kristall- und der Ruhe-Sauna, in der Sauna mit automatischen Aufgüssen, im Sanarium, dem Aroma-Dampfbad oder im Glasdampfbad, deren Dampf per Knopfdruck so gesteuert werden kann, dass die Wirkung erhalten bleibt, aber dennoch etwas Sicht bleibt.

Mit einer Investition von rund 500.000 Euro und einem innovativen Konzept setzte die Carasana Bäderbetriebe GmbH im Herbst 2003 einen weiteren Meilenstein in der Sauna-Geschichte der Caracalla Therme: die Blockhaus-Saunen im Schlossgarten.

Die Caracalla Therme schmiegt sich im Rotenbachtal eng an den Schlossberg, und nach langwierigen Verhandlungen mit den Eigentümern des Neuen Schlosses Baden-Baden konnte die Carasana GmbH rund 1.400 Quadratmeter des an dieser Stelle sehr steilen Schlossgartens pachten. Terrassenförmig angelegt stehen hier umgeben von riesigen Mammutbäumen die beiden Außensaunen: die Waldsauna mit einer raffinierten Schöpfeinrichtung für Aufgüsse und die Feuersauna mit einem offenen Kamin.

Beide Sauna-Blockhäuser sind aus Keloholz in einer ausgeklügelten Bauweise errichtet. Verwendet wird für diese Blockhäuser das Holz abgestorbener finnischer Polarkiefern, deren Rinde nach und nach abfällt. Danach bleiben die toten Bäume noch etwa zwei bis drei Jahrzehnte stehen, ehe sie gefällt und ihr Holz verwendet wird. Keloholz fault nicht, hat einen besonderen Duft und schafft ein angenehmes Raumklima – ideal für einen Saunagang.

Viel Aufmerksamkeit und positive Resonanz erregt hat auch der neue Blue-Space-Raum in der Saunalandschaft: ein in Blau gehaltener Sinnesraum, der mit Klangfarben, blauen Lichttönen, liquiden Moiré-Mustern, angenehmer Raumtemperatur und sanften Vibrationen der leuchtenden Ruheliegen eine außergewöhnliche Form und Qualität der mentalen Entspannung bietet – eine neuartige Relaxing-Landschaft, die den Gast gleichzeitig auf mehreren Ebenen anspricht – mit den dramaturgischen Teilkomponenten Klang, Licht, Haptik und einer immateriell wirkenden, visuellen Formgebung. Konzipiert und gestaltet wurde dieser in einer deutschen Therme einmalige Blue-Space-Raum von dem Wiener Künstler sha.

Der Felsen des Schlossberges bot Carasana GmbH, Architekten und Handwerkern aber noch eine weitere Herausforderung. Die Idee war, allen Badegästen in der Caracalla Therme ein Aroma-Dampfbad-Erlebnis anzubieten, das auch in Badebekleidung genutzt werden kann. So entstand, in den Fels des Schlossgartens geschlagen, das neue Aroma-Dampfbad in der großen Thermenhalle (Investitionssumme rund eine Million Euro).

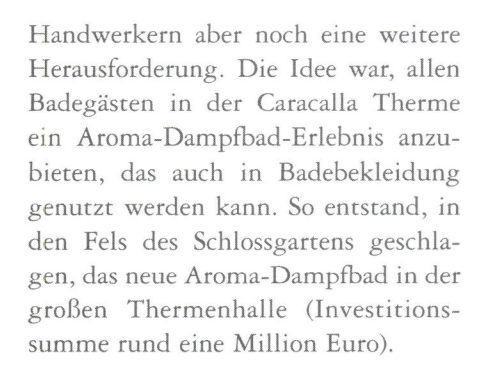

Unverkennbar ist auch hier die architektonische Philosophie und das Konzept der Caracalla Therme zu erkennen. Die Qualität des Entwurfs, formale Lösungen und die Ausführung im Detail entsprechen ganz der gestalterischen Qualität der Caracalla Therme.

Mit kleeblattförmig angeordneten Sitzbänken und mit viel Marmor und römischen Ausschmückungen ist der Raum des neuen Dampfbades gestaltet, das sich sehr großer Beliebtheit erfreut. Und wieder hatte die Caracalla Therme mit diesem neuen Angebot – einer Art "Sauna in Badebekleidung" – traditionelle Grenzen durchbrochen.

Jüngster Baustein in der zukunftsweisenden Bäderphilosophie Baden-Badens ist die Wohlfühlwelt CaraVitalis. War in den ersten Jahren der Caracalla Therme der Bereich der "Kur-Anwendungen" noch von größerer Bedeutung, hat sich dies in der Zwischenzeit entscheidend verändert: Die Zahl der verordneten Therapien ist drastisch zurückgegangen, die Zahl derer, die sich selbst um Gesundheit und Wellness bemühen, ist gestiegen, und damit auch der Anspruch nach Vielfalt, Ambiente, Qualität und Service.

CaraVitalis vereint mit speziell ausgearbeiteten Programmen die unterschiedlichsten Formen von Thermalwasser-Anwendungen: Thalasso-Thermalismus, Massagen, traditionelle, fernöstliche und ganz aktuelle Wellness-Therapien sowie medizinisch-therapeutische (Kur-) Anwendungen.

CaraVitalis ist eine Welt der Stille und eine Welt für die Sinne, in deren Mittelpunkt Gesundheit, Entspannung und Wohlfühlen steht.

Weil das Baden-Badener Thermalwasser mit seinen Inhaltsstoffen sehr gezielt und intensiv auf den menschlichen Organismus einwirkt, ist die Caracalla Therme für "Toben im Thermal-Wasser" völlig ungeeignet. So wurden bereits in der Planung keine Wasser-Spieleinrichtungen für Kinder geplant, seit Eröffnung gibt es keine ermäßigten Eintrittspreise für Kinder, Kleinkinder bis drei Jahre dürfen nicht in die Therme. Und doch bietet die Caracalla Therme seit einigen Jahren ein Kinderparadies: Spiel und Spaß mit Betreuung abseits des Badebereichs, während die Eltern in aller Ruhe baden, saunieren oder trainieren können.

War die Caracalla Therme 1985 die erste Therme einer neuen Generation, so hat sie in den letzten Jahren gezeigt, dass ihre Architektur zeitlos aktuell und ihr inhaltliches Konzept der Grundstein für eine moderne, zukunftsgerichtete Bäder- und Wellnesskultur ist. Der Symbiose von Gesundheit und Erholung sind viele wichtige Facetten hinzugefügt worden.

Balm for body, spirit and soul

Because of the health-political development, the turnover in the medical therapy-field decreased by approximately 50 %. Because of the first planned but not realized spa hotels in the near neighborhood, the whole therapy-field of the Caracalla Thermal was oversized.

As the first important change the Carasana GmbH transferred most of the medical applications to the new Friedrichsbad. At the same time the "Arena Vita" was built at ca. 1500 square meters. "Arena Vita" is an air conditioned fitness and health studio, which is led by a trainer team of Dipl. Sport teachers and physiotherapists.

The sauna field has also been completely new designed and a new sauna concept has been realized, for example aroma-, crystal- and rest-sauna with automatically adjustable brews, or with the steam sauna, with its technically regulated thermal spring water-steam, so that the effect is kept but the guest has view although.

Another milestone: the log cabin sauna in the castle's garden. Terraced built, there are two outside saunas framed by huge redwood trees. The "forest sauna" has a clever scoop equipping for brews and the "fire sauna" has an open chimney.

People also pay attention to the new Blue-Space-Room within the sauna field: this is a resting room, which offers a special kind and quality of mental relaxing.

Another idea was to offer "event sauna-steam bath" to all guests without the need to be naked. That was how the new aroma steam bath was developed in the big thermal hall. The steam bath was smacked in the rocks of the castle's garden.

The newest part is the "wellness-world" Cara Vitalis, which combines Thalassic-Thermals, massages, wellness-therapies and medical-therapeutic applications. Cara Vitalis is a world of quietness and a world for senses.

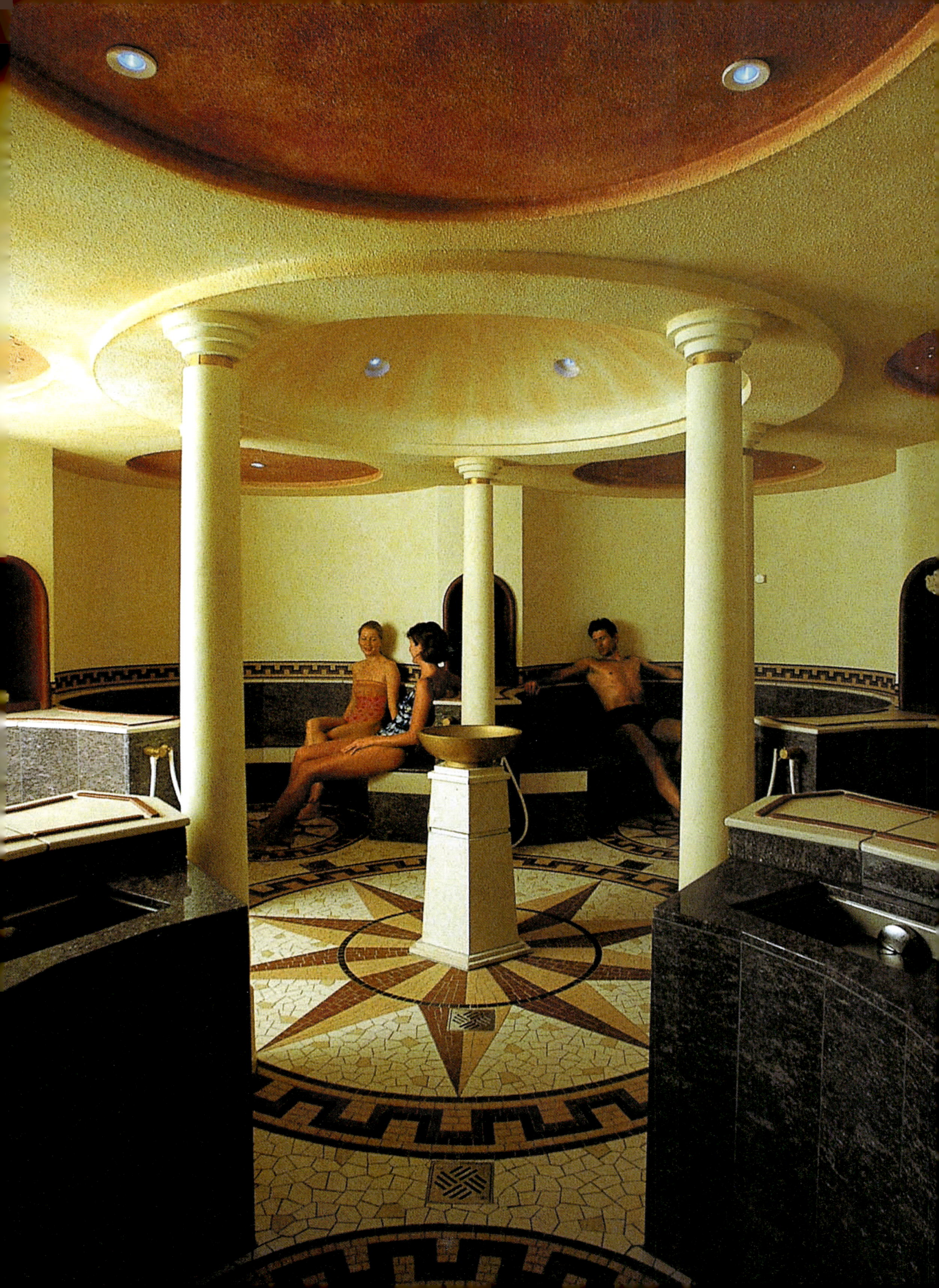

Therapy Pool
Open for general
use except during
therapy hours

Bassin de thérapie
Accès libre en
dehors des heures
de thérapie

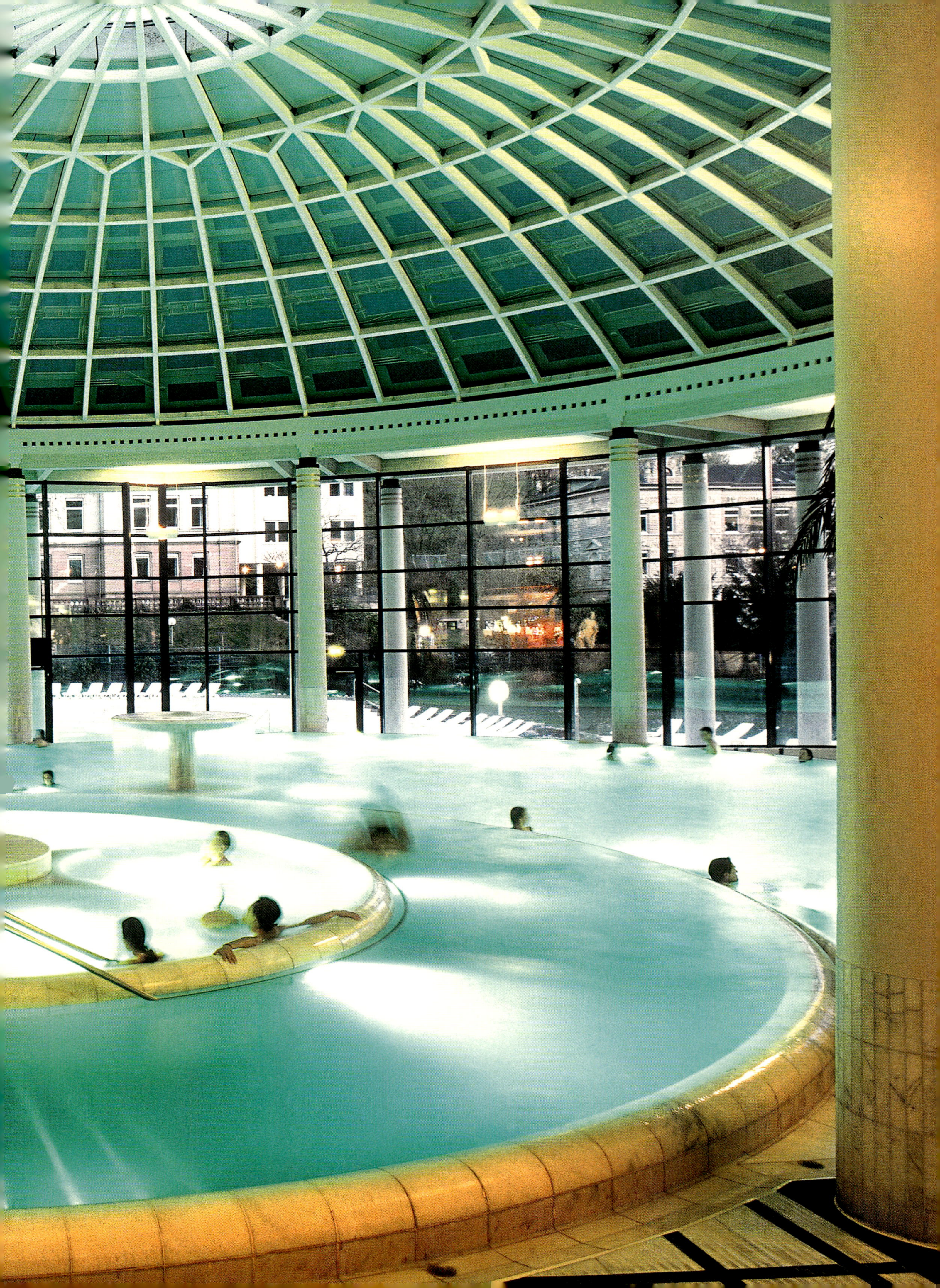

Baume pour le corps, l'esprit et l'âme

En raison de l'aspect toujours plus restrictif de la politique sanitaire, le chiffre d'affaires du secteur de la thérapie médicale s'était effondré d'environ 50%. Du fait de complexes hôteliers pour curistes planifiés mais jamais réalisés, le secteur thérapeutique était de toute façon sur- dimensionné.

Le premier changement radical de la «Carsana GmbH» fut de transférer la partie principale des soins médicaux dans le Friedrichsbad situé à proximité. En même temps fut créé «ArenaVita» sur environ 1.500 mètres carrés, un espace fitness et santé entièrement climatisé sous la conduite d'une équipe d'entraîneurs composée de professeurs d'éducation physique diplômés et de kinésithérapeutes.

L'espace sauna fut aussi complètement restructuré et un nouveau concept de sauna fut mis en place, par exemple, avec les saunas aromatiques, cristal et repos, les arrosages automatiques, ou le sauna vapeur à l'eau thermal, dans lequel la vapeur est dirigée sans occulter la vue.

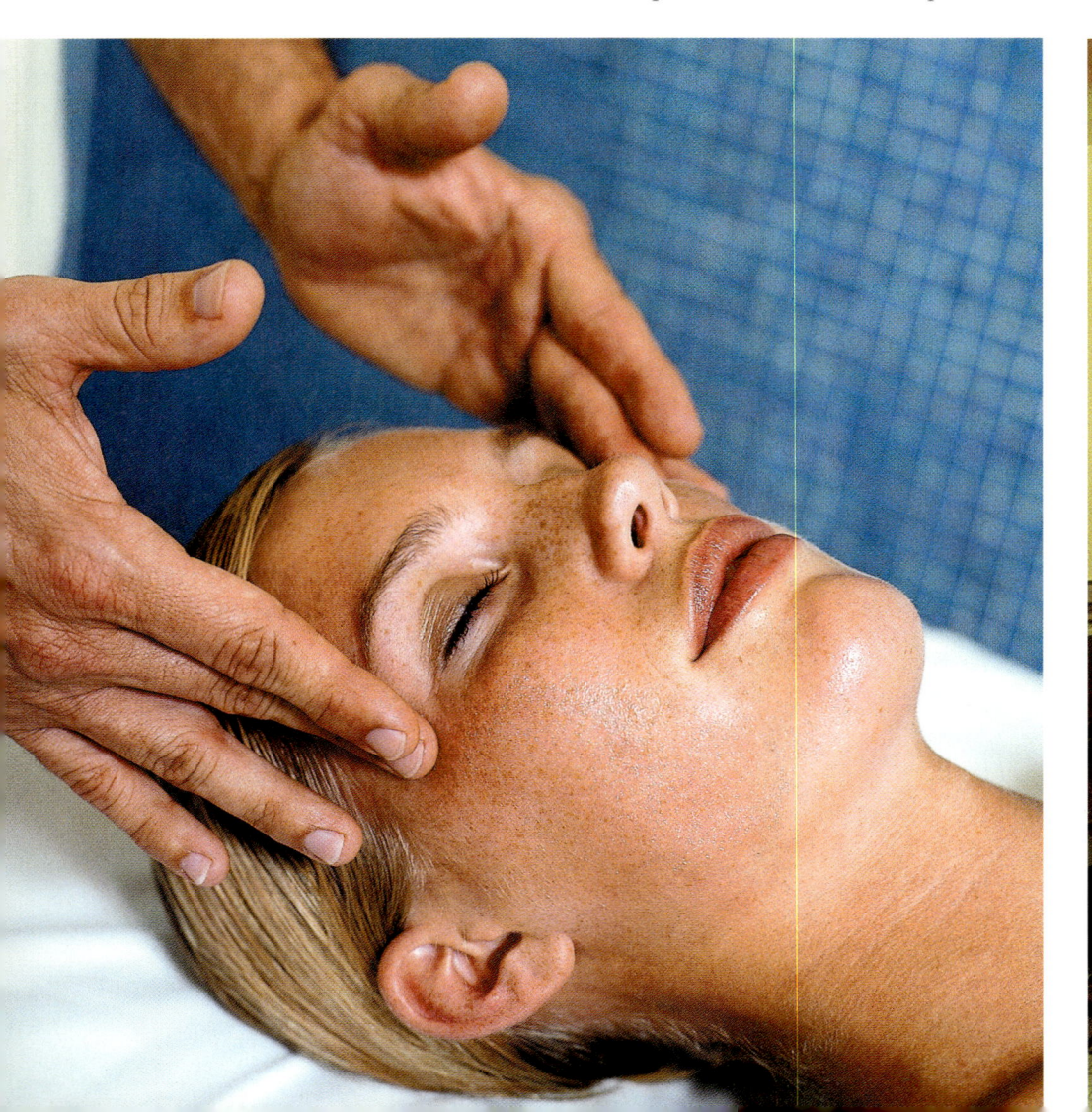

Une autre initiative : Les saunas en rondins de bois dans le jardin du château. En terrasse arborée, les deux saunas extérieurs sont entourés de séquoias géants. Ce sont le sauna de la forêt, avec des arrosages spectaculaires, et le sauna du feu avec sa cheminée.

Le nouveau « Blue Space » (l'espace repos) a aussi beaucoup attiré l'attention du public au sein de l'espace sauna: un espace de repos, qui offre un cadre exceptionnel pour la régénération mentale.

Une autre idée était d'offrir pour tous les visiteurs un bain à vapeur, sans devoir enlever son maillot de bain. Ainsi est né le nouveau bain de vapeur aromatique, bâti dans le rocher du jardin du château, au sein du grand hall des thermes.

La dernière pierre du concept est le monde du bien-être de CaraVitalis, qui réunit le thallasso-thermalisme, les massages, les thérapies de bien-être ainsi que les soins thérapeutiques médicaux.

CaraVitalis est un monde de silence et un monde pour les sens.

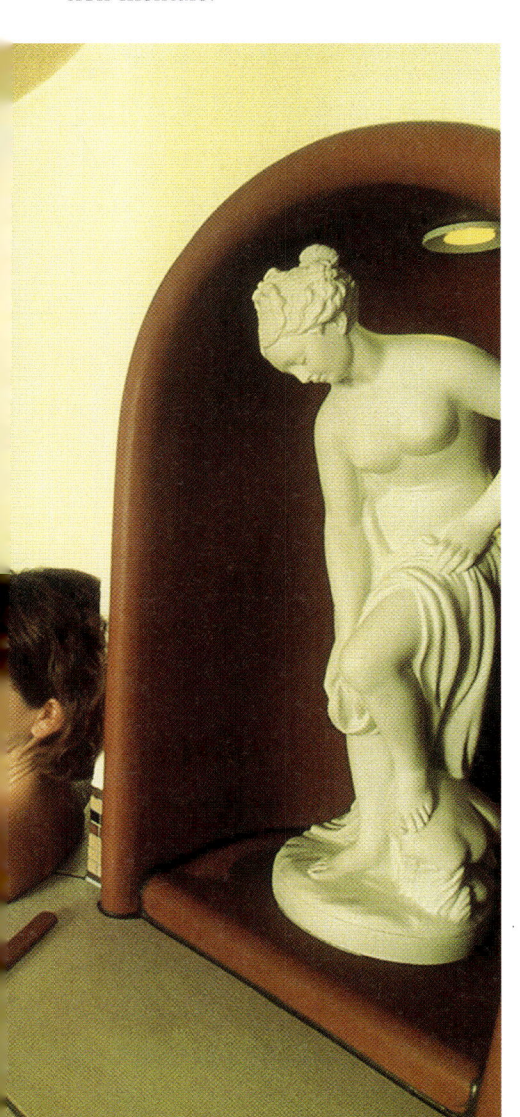

Бальзам для тела, духа и души

Изменения в медицинской политике на 50% сократили доход от медицинских услуг. Из-за запланированного, но впоследствии нереализованного плана строительства курортного отеля в непосредственной близости от Каракалл, их терапевтическое отделение оказалось непомерно большим.

Первой крупной осуществленной «Каразана ООТ» реформой был перевод почти всех медицинских отделений в соседнюю «Фридрихсбад». Одновременно была создана климатизированная – Fitness Studio под названием «ArenaVita» общей площадью 1500 кв.м. Студией руководит тренерская группа из дипломированных спортсменов и физиотерапевтов.

Была осуществлена полная перестройка саун и реализована абсолютно новая концепция. Например, были оборудованы ароматическая и кристальная сауны, а так же сауна отдыха, получающие автоматически регулируемую подачу раствора ароматических масел. Паровая баня перестроена таким образом, что заполненная паром термальных вод, она имеет традиционное воздействие, но в то же время пар не мешает различать окружающие предметы.

Еще одним шагом в направлении расширения услуг стало создание бревенчатых саун в парке, окружающем Новый замок. Они расположены террасами и окружены гигантскими секвойями. В «Лесной сауне» с помощью хитроумного приспособления, включающего ложку и раскрывающуюся емкость с раскаленными камнями, раз в полчаса производится автоматическое насыщение воздуха ароматическим составом. Над «Лесной» – «Огненная сауна» с камином, полыхающим живым пламенем от огромных поленьев.

Большим успехом пользуется также помещение с поэтическим названием «Blue Space-Room», находящееся рядом с саунами. Это комната отдыха, в которой предлагается совершенно неожиданная форма и характер ментальной разрядки.

Затем возникла идея создания ароматизированной паровой сауны «глубокого эмоционального воздействия», в которой, в отличие от других саун, не надо было бы полностью раздеваться. Она была выбита в скальной породе замкового сада. Войти в нее можно прямо из большого купольного зала.

Самым последним кирпичиком было создание пространства хорошего самочувствия – „CaraVitalis", включающего в себя Thalasso-Thermalismus, массажи, Wellness и медико-терапевтические процедуры. «CaraVitalis» – это атмосфера покоя для мира чувств.

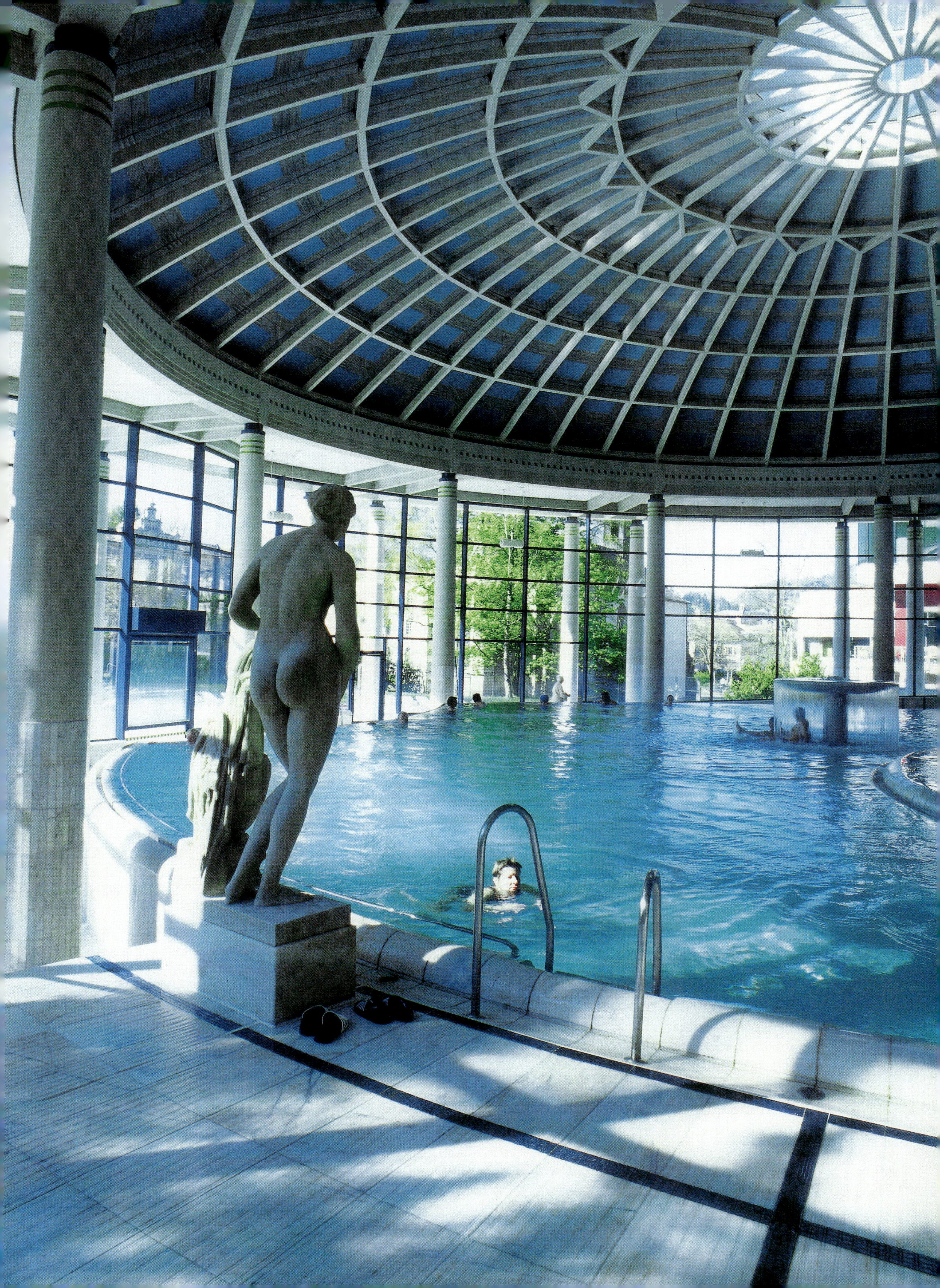

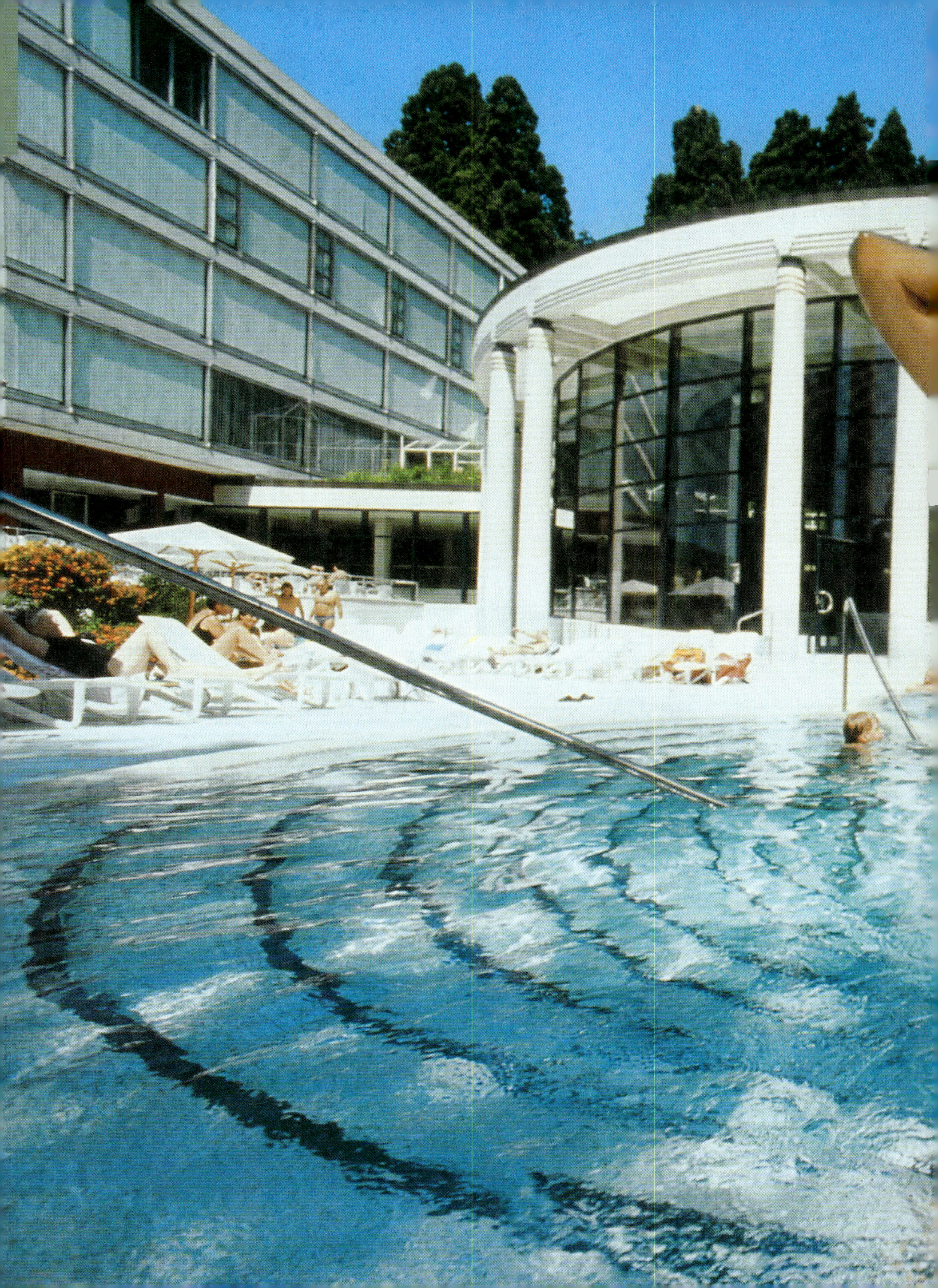

Den Mythos jung erhalten

Neue Akzente für die Kultur des Wohlfühlens

Ist es der Standort Baden-Baden, die zeitlose Architektur oder die große Bade-Tradition, ist es das balneologische Konzept oder die zukunftsorientierte Weiterentwicklung, die die Caracalla Therme ewig jung erscheinen lassen? Es ist wohl die Summe aller Faktoren, das Zusammenspiel aller Aspekte, was den Unterschied ausmacht und diesem Bäderbau ein einzigartiges Charisma verleiht.

Die letzten zwei Jahrzehnte, in denen weit über elf Millionen Gäste die Caracalla Therme besucht haben, machen aber auch deutlich, dass Charisma und Philosophie alleine nicht ausreichen. Es gilt hier wie anderswo bei außergewöhnlich erfolgreichen Konzepten immer einen Schritt voraus zu sein, der Qualität einen sehr hohen Stellenwert einzuräumen und die Zukunft zu erahnen.

Beobachtet man das Verhalten der Gäste in der Caracalla Therme, so stellt man fest, dass sich die "Verweildauer" deutlich erhöht hat. Nicht das schnelle, 45-minütige Bewegungsbad im Thermalwasser mit anschließender Ruhepause ist gefragt, sondern das entspannende Erlebnis des Wohlfühlens, das Nutzen von Wellness-Angeboten nach Lust und Gefühl zwischen Bad, Sauna, Bewegung, Therapie, Ruhe und Entspannung.

Mit "ein Preis für alles" (außer Solarien und Gastronomie) hatte die Caracalla Therme von Beginn an sehr gute Erfahrungen gemacht. So wird aller Voraussicht nach an diesem Tarifsystem festgehalten werden, ergänzt beispielsweise durch ein Chip-System statt Eintrittskarte für alle Angebote.

Im längeren Aufenthalt der Gäste und in der mehrfachen Nutzung der unterschiedlichen Angebote in der Caracalla Therme sieht auch die Carasana GmbH ihr aktuelles Konzept bestätigt. Deutlich wird dies auch bei dem neuen Wellness-Angebot am Eingang zur Thermenhalle. Dort steht seit kurzem ein Massage-Raum zur Verfügung, den die Badegäste kurzfristig nutzen können. Auf einer Tafel im Eingangsbereich der Caracalla Therme sind die jeweils noch freien Zeiten zu sehen: Massage in der Caracalla Therme ist innerhalb kürzester Zeit ausgebucht.

Dieses Beispiel könnte ein kleiner Blick in die Zukunft der Wellness-Welt Caracalla Therme sein, deren Wellness- und Badephilosophie sich noch stärker an der römischen Kultur des Badens orientieren wird: ein Besuch im Thermalbad für Gesundheit, Erholung und Wohlgefühl, Sport und Bewegung, Therapie und Entspannung, mit Ruhe und Unterhaltung, Essen und Trinken und mit spielerischem Urlaub vom Alltag.

Das Grundkonzept der Caracalla Therme wird sich nicht ändern, denn das heiße, heilende Thermalwasser, natürliche Gesundheits- und Wohlfühl-Therapien und die sanfte Entspannung kommen dem steigenden Bedürfnis der Menschen nach

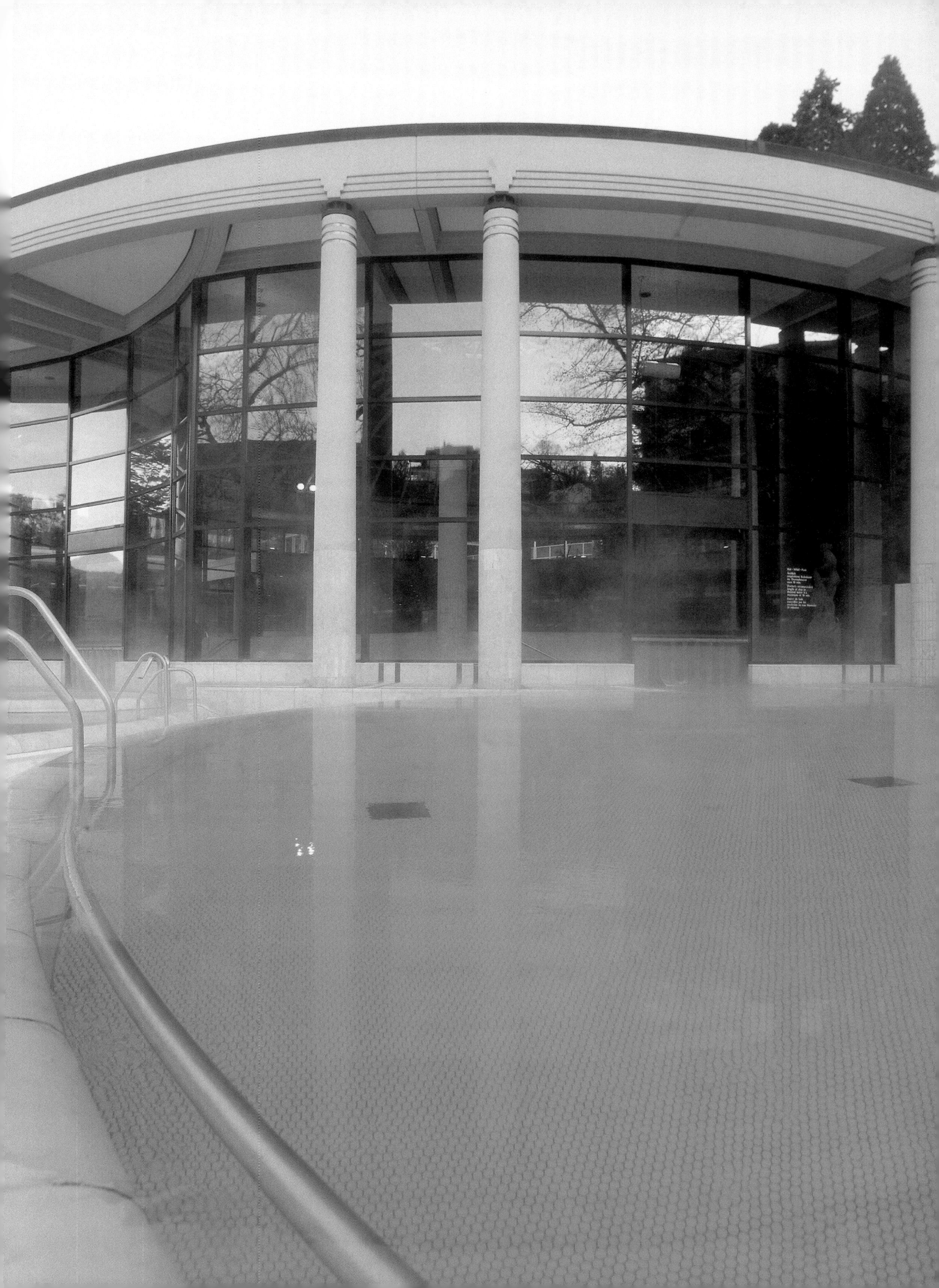

Authentizität sehr entgegen. Ergänzt mit Niveau, Qualität im Detail, Eleganz, Ruhe, Service und Luxus entsteht letztendlich ein Mythos, der den Unterschied zum Alltäglichen ausmacht.

Hat die Caracalla Therme als eine der ersten Einrichtungen die strikte Trennung von "therapeutischer Maßnahme" und "Freude am Thermalwasser" aufgehoben, so wird sie in Zukunft noch viel mehr die "Summe aller Angebote für Gesundheit, Wellness und Erholung" sein. Das inhaltliche Konzept wird immer stärker dem Gesamt-Ensemble Caracalla Therme für Körper, Geist und Seele entsprechen. Neue Ideen und Initiativen, neue Möglichkeiten zu individuellen Wohlfühlprogrammen, mehr kurzfristig buchbare Wellness-Angebote (zum Beispiel im Bereich des Kuppelbaus), eine Vergrößerung des Außenbereichs und andere innovative Maßnahmen werden zur Weiterentwicklung der Caracalla Therme beitragen.

Die Caracalla Therme scheint nicht zu altern, sie wurde zum Synonym des "Spa-Erlebnisses" und ist die zeitgemäße Ausgabe des Jungbrunnens im Sinne der römischen Kultur des Badens.

Würde der römische Kaiser Caracalla dem heutigen Baden-Baden einen Besuch abstatten können, er wäre wohl sehr zufrieden mit dem, was aus seinen Kaiser- und Soldatenbädern in Aquae Aureliae geworden ist.

New accents for the wellness culture

The "due of staying" of the guests of the Caracalla Thermal increased clearly. The fast, 45 minutes movement bath in thermal spring water is not required, but relaxing events of wellness and multiple useage of different offers.

The basic concept of the Caracalla Thermal won't decisively be changed, because the hot, healing thermal spring water, natural health- and wellness therapies and the gentle relaxing meet the people's requirement of authentic.

In the future the Caracalla Thermal wants to keep staying the "sum of all offers for health, wellness and relaxing". New possibilities of designing individual wellness-programs, more quick reservations of wellness offers (for example in the area of the dome building) or an enlargement of the outside areas will help to further develop the thermal.

If the Roman emperor Caracalla would visit the today's Baden-Baden, he would be very satisfied about what was developed of his emperor- and soldier-thermals in Aqua Aureliae.

Les nouveaux accents de la culture du Bien-être

L'augmentation de la durée moyenne d'une visite a été très sensible. Ce ne sont pas les soins hydrothérapiques de 45 minutes qui expliquent cette évolution, mais la recherche décontractée du bien être à travers les différents types de soins proposés.

Le concept de base des Thermes de Caracalla ne devrait pas connaître de changement profond, car l'eau thermale, chaude et curative, les cures de santé naturelle et de bien-être, et la décontraction douce répondent au besoin montant des hommes en recherche d'authenticité.

Cependant, les Thermes de Caracalla veulent être aussi dans l'avenir «la somme de toutes les offres pour la santé, le bien-être et la détente». Par exemple en offrant plus de souplesse pour les cures individuelles sous la coupole, en permettant des réservations de dernière minute. Ou bien par l'agrandissement de l'espace extérieur. Ces orientations contribueront à l'évolution permanente des Thermes.

Si l'empereur romain Caracalla visitait le Baden-Baden d'aujourd'hui, il serait très satisfait de l'évolution des thermes de l'empereur et des soldats d'Aquae Aureliae.

Новые акценты культуры пространства хорошего самочувствия

Время, проводимое купающимися в Каракалла Термах, неуклонно увеличивается. Сейчас сюда приходят уже не для поспешного 45 минутного пребывания в термальном бассейне с целью лечения болезней опорно-двигательного аппарата, а ради эмоциональной разрядки и повышения жизненного тонуса, достигаемых посредством многообразных водных процедур и развлечений.

Так что основная концепция термальных купаний в целом осталась прежней, так как горячие исцеляющие термальные воды, природные оздоровительные терапии и улучшение самочувствия посредством эмоциональной разрядки являются ответом на потребности современного человека.

Каракалла Термы стремятся и в дальнейшем быть «совокупностью всех методов оздоровления, wellness и отдыха». Продолжаются поиски новых возможностей для создания индивидуальных программ оздоровления: например, прямо в купальном зале без предварительной записи можно будет получить процедуры программы «wellness». Планируется расширение наружных бассейнов.

Если бы римский император Каракалла посетил сегодня Баден-Баден, то, наверняка, остался бы доволен тем уровнем, который достигла культура термальных купаний, развившаяся на основе его императорских и солдатских бань в Aquae Aureliae.

Auf einen Blick

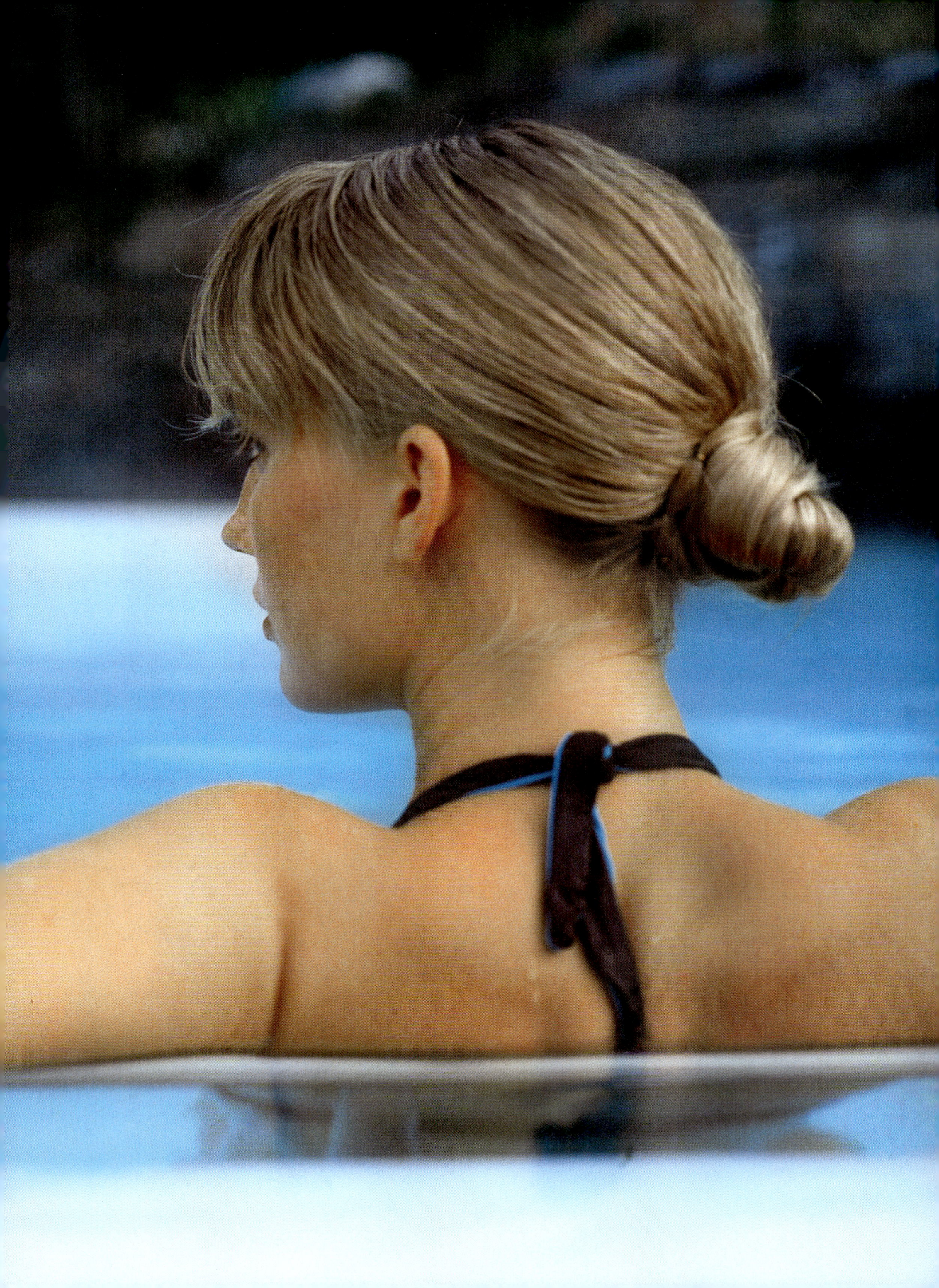

Auf einen Blick: Badelandschaft

Innenbereich
Großes Badebecken, Therapiebecken, Felsengrotten mit heißem und kaltem Wasser, Massagedüsen, Luftsprudler und Nackenduschen, Ruhebereich, Aromadampfbad, Sole-Inhalations-Raum, Solarien, Massageliegen, Rotlicht, Massageraum.

Außenbereich
Zwei große Badebecken, Strömungskanal, Wasserfall, zwei Whirlpools, Luftsprudler, Massagedüsen, Nackenduschen, Sonnenwiesen mit Liegestühlen.

Wasserfläche insgesamt: über 900 m^2

Wassertiefe: bis 1,35 m

Wassertemperatur: 18 – 38°C

Öffnungszeiten
Ganzjährig: Montag – Sonntag 8 bis 22 Uhr, letzter Einlass 2 Stunden vor Ende der Badezeit.
Am 31. Dezember geöffnet bis 20 Uhr, letzter Einlass 18.30 Uhr, Karfreitag und am 24./25. Dezember geschlossen.

Betreutes Kinderparadies
für Kinder ab 1 1/2 Jahren im 2. Obergeschoss (außerhalb des Badebereichs).

Bädershop in der Eingangshalle:
Täglich geöffnet von 9 bis 20.30 Uhr.

Bistro:
Täglich geöffnet von 10.30 bis 21.30 Uhr.

Kinderparadies, Bädershop und Bistro sind am Karfreitag und am 24./25. Dezember geschlossen.

Parken
Bädergarage mit direktem Zugang zur Caracalla Therme, 220 Stellplätze, für Besucher der Caracalla Therme sind die ersten 2 Parkstunden frei.

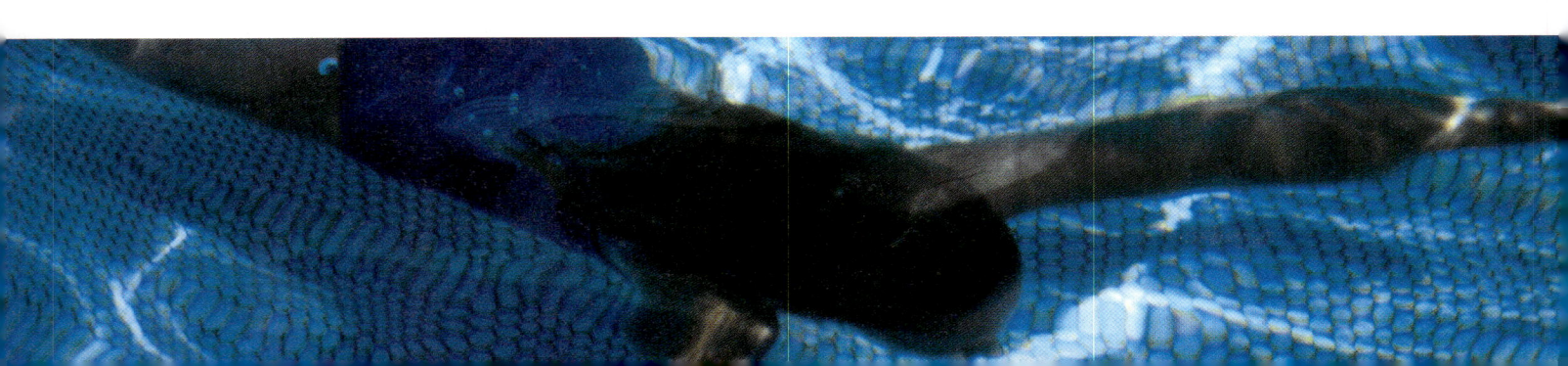

Auf einen Blick: Saunalandschaft

Fünf Saunen, zwei Dampfbäder und die beiden Blockhaus-Saunen im Schlossgarten stehen in der römischen Saunalandschaft der Caracalla Therme zur Verfügung.

Kristall-Sauna: 90°C
Mit den positiven Schwingungen des weißen Kristalls, stündlicher Aufguss mit wechselnden Aromastoffen.

Aufguss-Sauna: 85°C
Jede halbe Stunde tropfen Wasser und Duftöle automatisch durch einen Leuchtkegel aus Naturstein auf den heißen Saunaofen.

Aroma-Sauna: 85°C
Täglich wechselnde Aromastoffe. Die Öle werden mit Wasser in einem Kupferkessel erhitzt und an die Luft abgegeben.

Ruhe-Sauna: 95°C
In absoluter Stille, automatischer Aufguss jede halbe Stunde.

Sanarium: 57°C
Eine ideale Alternative, Temperatur ca. 57°C, Luftfeuchtigkeit 55 %, wechselndes Farblicht mit Kristallleuchten. Entspannend, hautpflegend und entschlackend.

Aromadampfbad in der Caracalla Therme: 43°C
Wechselnde Aromastoffe, feuchte Wärme statt trockener Hitze, Temperatur 43 – 46°C, Luftfeuchtigkeit 100 %.

Glas-Dampfbad: 47°C
Ganz aus Glas gebaut, besonderes Ambiente, Temperatur 47°C, Luftfeuchtigkeit 100 %, Dampfintensität über einen Druckknopf steuerbar.

Blue-Space-Sinnesraum
Mentale Regeneration: Leuchtende Liegen, magische Klangfarben, blaue Lichttöne, sanfte Vibrationen, angenehme Temperatur und liquide Moiré-Muster an der Raumdecke.

Feuer-Sauna: 95°C (Schlossgartenbereich)
Mit Kamin-Ofen und urig-romantischer Atmosphäre.

Wald-Sauna: 85°C (Schlossgartenbereich)
Spektakuläre, intensive Aufgüsse in optimalem Badeklima. Wasser und Steine beim Aufguss (mit Badeölen) beleuchtet.

Öffnungszeiten
Ganzjährig:
Montag – Sonntag   8 bis 22 Uhr
Letzter Einlass: 2 Stunden vor Ende der Badezeit.
Am 31. Dezember geöffnet bis 20 Uhr, letzter Einlass 18.30 Uhr.
Karfreitag und am 24./25. Dezember geschlossen.

Die Benutzung der Saunalandschaft ist im Eintrittspreis der Caracalla Therme enthalten.

Auf einen Blick: ArenaVita

Ein klimatisiertes Fitness- und Gesundheitszentrum mit Spaß am Aktivsein auf rund 1.500 Quadratmetern befindet sich im 3. und 4. Stock der Caracalla Therme.

Großzügige Umkleideräume, moderne Trainingsflächen und eine Vielzahl an hochwertigen Kraft- und Bewegungsgeräten stehen in angenehmer Atmosphäre zur Verfügung. Beratung und Unterstützung durch ein fachkundiges Trainerteam (Diplom-Sportlehrer und Physiotherapeuten).

Für neue Mitglieder wird nach einem "Gesundheits-Check" ein individuelles Trainingskonzept erarbeitet, wenn notwendig werden auch spezielle Physiotherapien angewendet.

Schwerpunkte im Programm von ArenaVita sind die Themen "Verbesserung bei Rückenproblemen", "Herz-Kreislauf" und "Gesund abnehmen" in Zusammenarbeit mit einer Ernährungsberaterin. Außerdem: Veranstaltungen mit Vorträgen, Workshops, Events und Outdoor-Aktivitäten.

Öffnungszeiten
Montag – Sonntag: 8 bis 22 Uhr
31. Dezember: 8 bis 20 Uhr
Am Karfreitag und am 24./25. Dezember geschlossen.

Tageseintritt, Wochenendkarte, Zehnerkarte
jeweils mit und ohne Caracalla Therme.

Mitgliedschaft
Pink Card, Classic Card, Gold Card

Parken
Bädergarage, 220 Stellplätze, für ArenaVita-Gäste sind die ersten 2 Stunden parken frei.

Auf einen Blick: CaraVitalis

"Eine Welt der Stille – eine Welt für die Sinne", die Körper, Geist und Seele in Einklang bringt – das bietet die Caracalla Therme mit der CaraVitalis Wellnesswelt und den vielfältigen Wellness- und Therapieangeboten.

Wohlfühlprogramme
Trainieren, regenerieren, das schöne Baden-Baden genießen. Bei allen Wohlfühl-Programmen: pro Tag ein Freigetränk, kostenfrei (gegen Pfandgebühr) Bademantel bzw. Badetuch leihen.

Vitaltag – Thermalwasser-Pur – Schönheitstag – Aktiv-Wellness-Wochenende – Wellness-Tag – Harmonie für 2 (zwei Personen) – Verwöhn-Tag – Tandem-Wochenende

Thalasso-Thermalismus
Kombination der vitalisierenden Kraft des Meeres (Meeresalgen) mit der Wirkung des Baden-Badener Thermalwassers.

Thalasso-Thermalismus Kennenlern-Tag – Thalasso-Thermalismus Intensiv-Tag – Thalasso-Thermalismus Wochenende – 3 Tage Thalasso-Thermalismus – 4 Tage Thalasso-Thermalismus – Thalasso-Thermalismus Woche – 6 Tage Thalasso-Thermalismus

Anwendungen/Therapien
Breites Spektrum an Wellness-Programmen, deren unterschiedliche Wirkungsweise für Gesundheit, Entspannung, Pflege, Energie, Rehabilitation und Steigerung der Lebensqualität steht.

Aromamassage – Fußreflexzonenmassage – Ganzkörper-Shiatsu – Ganzkörpermassage – Kneipp'sche Vitalanwendung – Kaiserbad – Naturfangoanwendungen – Rückenmassage – Tui Na – Magnetfeldtherapie – Anti-Cellulite-Behandlung – Dorn-Breuß-Behandlung – Thermal-Shiatsu – La-Stone-Therapie – Cleopatrabad – Lomi-Lomi Massage – Pantai Luar – Ziegenbuttercremebad – Nachtkerzenölbad – Algenpackung – Shiatsu Gesicht – Happy-Aging-Softpack – Belle Visage – Naturfango – Bewegungstherapie und Krankengymnastik – Wannenbäder – Wärmebehandlung/Kältebehandlung – Elektrotherapie – Softpack-Liege

Öffnungszeiten
An allen Tagen (außer Karfreitag sowie 24. und 25. Dezember). Terminreservierung erforderlich.

Parken
Bädergarage, 220 Stellplätze, für CaraVitalis-Gäste sind die ersten 2 Parkstunden frei.

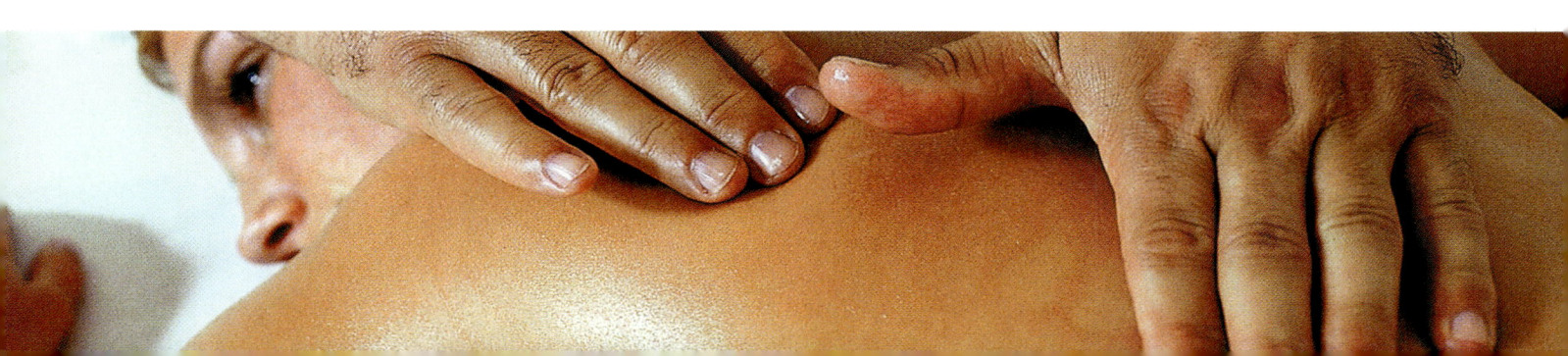

At one sight: Bathing area

Indoor
Apart from the attractive bathing pools, the spacious interior also houses a rock grotto with hot and cold water, a regenerating aroma steam bath and a saltwater inhalation room. The massage and airjets as well as the neck showers complete the unique experience of well-being.

Outdoor
The spacious outdoor area comprises two large marble pools, a counter-current pool, a waterfall and two whirlpools. The extensive lawns with recliners invite you to indulge in sunbathing at your leisure.

Total water area: over 900 m

Water depth: up to 1,35 m

Water temperature: 18 – 38° C

Opening times
Monday - Sunday: 8 am - 10 pm (final admission is 2 hours before closing time)
Dec. 31st 8 am - 8 pm (final admission is 6:30 pm). Caracalla Spa is closed on Good Friday and December 24th and 25th.
Tickets also include admission to the sauna centre and parking-garage (2 hours)

Children's play area
A whole range of fun activities are available in the children's play area. Kids can paint, play with modelling clay, do jigsaw puzzles, jump about in the "bouncy castle" or play with dolls or lego. There is something here for every child. Staff are always on hand to look after children while their parents relax in the baths, take a sauna or work out.

Bath Shop at the Entrance:
Daily open from 9 am to 8.30 pm

Bistro:
Daily open from 10.30 am – 9.30 pm.

The children's play area, Bath Shop and Bistro are closed on Good Friday and on December, 24th and 25th

Parking
There is a parking garage with 220 spaces underneath the Caracalla Spa. Visitors to the Caracalla Spa park for free for the first 2 hours.

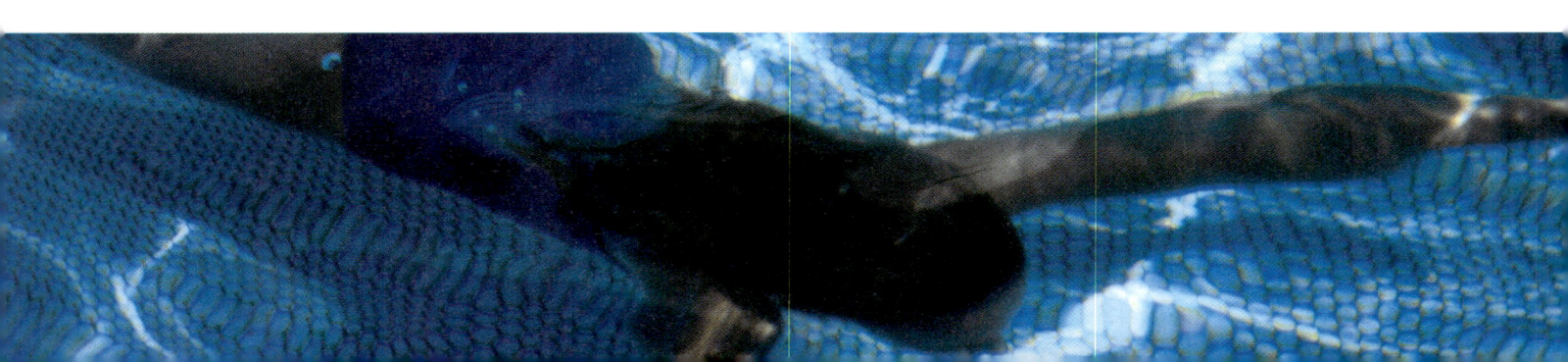

At one sight: Roman Saunascape

Give yourself plenty of time and enjoy the unique atmosphere of the "Roman Saunascape" at Caracalla Spa with its mosaics and pillars as well as various exhibits and antiques. The outdoor area in the picturesque castle gardens is yet another highlight of the Caracalla Spa which you shouldn't miss. Rustic sauna atmosphere in the log cabin saunas made of "Kelo" wood, which comes from Finnish polar pine trees.

Crystal Sauna: 90°C
You can experience the ideal combination of a relaxing session in the sauna and the positive oscillation of the White Crystal.

Vapour Sauna: 85°C
The "Vapour Sauna" is a very special occasion for the body and soul. Every half hour, a mixture of water and essential oils drops automatically through a lighted cone (made of natural stone) onto the hot sauna oven.

Aroma Sauna: 85°C
Let yourself be carried away in a world of fragrances. A different essential oil every day ensures a new sauna experience over and over again. The oils and water are heated in a copper kettle and they evaporate into the air.

Sauna of Silence: 95°C
In this sauna, silence is the highest priority. The complete tranquillity of this sauna lets you feel the heat even more intensively and you will be able to experience a state of total relaxation.

Sanarium: 57°C
For those who find the classical Finnish sauna too hot or too dry, why not try the "Sanarium" which is the ideal alternative? Temperatures of approx. 57°C, regulated maximum humidity of 55%.

Aroma Steam Room: 43°C
The Aroma Steam Room offers a very special fragrant experience. In contrast to the sauna, here you will enjoy an atmosphere of humid warmth instead of dry heat. Temperature of between 43 to 46 degrees, humidity of 100%.

Glass-Steam Room: 47°C
Made completely out of glass, it produces a wonderful atmosphere for relaxation. With 100% humidity and a pleasant temperature of 47°C, this offers an ideal climate in which to increase your personal well-being. By pressing a button, you can choose when you want to have more steam.

Blue Space - the liquid relaxation room:
"Enter a fascinating world of sensations! Magical timbres, blue optical sounds and gentle vibrations melt together to form a unique spatial experience. Relax on the illuminated beds and experience your inner self!" The special tones of BLUE SPACE not only expand within the room but touch your whole body.

Fire Sauna: 95°C (outdoor)
As the logs in the "Fire Sauna" burn and crackle, they re-create the ancient ambiance and romance of a real Finnish camp-fire.

Forest Sauna (outdoor)
In the "Forest Sauna", we combine the most modern techniques effectively with the attractive look of traditional wrought-iron work.

Opening times
Monday – Sunday 8 am - 10 pm (final admission is 2 hours before closing time)
Dec. 31th 8 am - 8 pm (final admission is 6:30 pm). Caracalla Spa is closed on Good Friday and December 24th and 25th.
Caracalla Spa-Tickets also include admission to the sauna centre and parking-garage (2 hours).

At one sight: Facilities ArenaVita

Being active and healthy are the basic principles of the ArenaVita - it is a health studio, in which everyone, regardless of age, should feel comfortable with their own individual training requirements. The integrated wellness-concept of the ArenaVita combines activities on the apparatus, and in the courses, with total relaxation in the bathing and sauna landscape areas of the Caracalla Thermal Bath. In approximately 1500 air-conditioned square metres you will find the most modern training areas, generously-sized changing rooms and an atmosphere that makes it easy for you to achieve your personal goal. You will find an extensive "heart and circulation" area and a large number of high-standard strength-building machines for your use, as well as competent staff to advise you and a team of qualified sports teachers and physiotherapists to support you.

Every new member in the ArenaVita undergoes a complete health check. From the results of this test, a specialised training concept is worked out for you - based exactly on your individual needs and targets. If necessary, special rehabilitation and physiotherapeutic measures will be included.

The main priority of the ArenaVita is to solve the most frequent health problems of our society: Strengthen the back, Loose weight healthily (in consultation with a qualified dietician), Heart -Circulation (based on your health check) and Training in the Group (from aerobic to tai-chi, from walking to yoga).

Many-sided events with lectures, workshops, events und outdoor activities round up the extensive ArenaVita programme. With your ArenaVita-Membership, you will be able to enjoy that "out-of-the-ordinary" bathing experience in the Caracalla Therme. It is also possible to combine your membership with the historical "Friedrichsbad".

Opening times
Monday - Sunday   8 am – 10 pm
December. 31th   8 am – 8 pm
ArenaVita is closed on Good Friday and December, 24th and 25th

Day ticket, Weekend ticket, Multiple admission ticket
incl. or excl. 3 hours in the Caracalla Spa

Membership
Pink card, Classic Card, Gold Card

Parking
There is a parking garage with 220 spaces underneath the Caracalla Spa. Visitors to ArenaVita park for free for the first 2 hours.

At one sight: CaraVitalis

Health and beauty treatment: Sometimes a pendulum just needs a gentle nudge to make it work again. Our health and beauty treatments have the same effect on you: everything runs just that little bit better than before

Programs to make you feel good
True well-being is achieved when body and soul are in harmony. This is the cornerstone of wellness philosophy that we have incorporated into all of our spa services. Mornings are for exercising and recharging, afternoons are left open for you to enjoy the beautiful city of Baden-Baden.

A holiday for body and soul - Fitness & spa (3 days) - Purely thermal water (3 or 5 days) - Fitness, baths and sauna (6 days) - Exercise and unwind (6 days) - Anti-stress program (7 days) - Health and beauty de luxe (10 days)

Thalasso-Thermal Therapy
Pure energy from the power of the sea. Seaweed and algae are rich in minerals, trace elements und vitamins and have the ability to eliminate toxins and waste products from your cells and reactivate your entire body. The minerals in the thermal water of Baden-Baden increase the healing qualities of thalasso therapy. We have named this unique combination of classical thalasso-therapy and thermal water "Thalasso-Thermal Therapy". After consultation with our therapist, a personalised Thalasso-Thermal Therapy programme is created for each visitor.

Here is a sample treatment program:
Ocean herbal drink - Body peeling using seaweed products - Thermal water bath with seaweed and hydromassage - Body wrap using different types of seaweed - Full body massage - Traditional facial treatments - Inhalation treatments in marine climate room - Rest in relaxation room or reading room.

Treatments / Therapies
Are you looking for ways to improve your health, either on medical advice or just because you want to? Then look no further than the thermal baths in Baden-Baden.

Fangotherapy - Massages - Foot reflexology treatments - Aromatic massage - Hydrotherapy (based on the principles of Father Sebastian Kneipp) - Therapeutic Eastern techniques (Japanese pressure point massage Shiatsu, Chinese massage, movement and breathing technique Tui Na) - Kaiserbad

Opening times
Every day (excluding Good Friday, December, 24th and 25th). Please reserve in advance.

Parking
Visitors park for free for the first 2 hours.

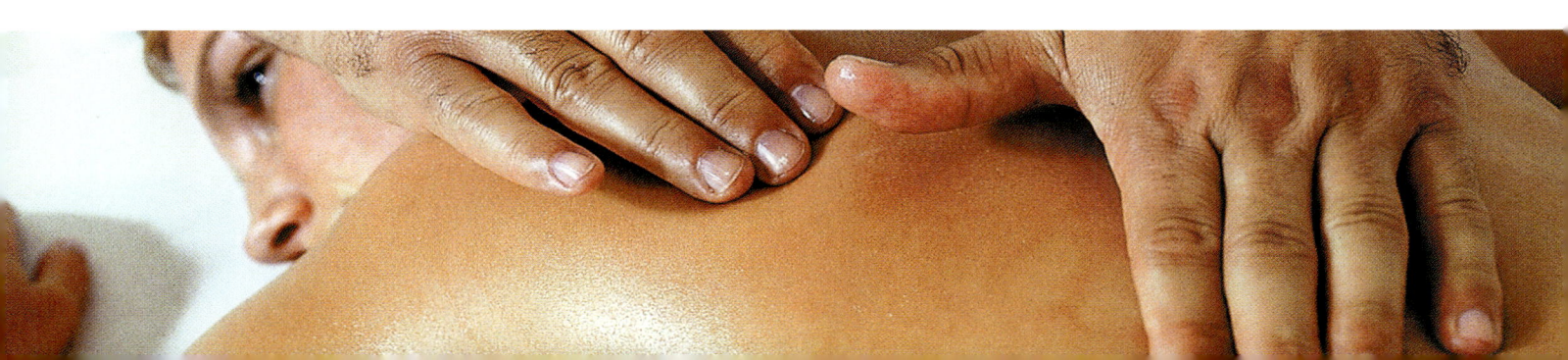

En un coup d'oeil: Espace aquatique

L'espace aquatique, qui rappelle un temple antique, est connu dans le monde entier pour sa diversité et son élégance intemporelle. Les températures de l'eau thermale vont de 18 à 38°C. Elle active, régénère et relaxe le corps entier. L'espace intérieur spacieux abrite, outre les magnifiques bassins des piscines, une grotte rocheuse à eau chaude et eau froide, un bain de vapeur aromatique ainsi qu'une salle d'inhalation d'eau saline. Des jets de massage ou bouillonnants et des douches en cascade sur la nuque complètent l'expérience extraordinaire de bien-être. Le vaste espace extérieur comprend deux grands bassins en marbre, un canal avec courant d'eau, une cascade et deux bains à remous. Les grands espaces gazonnés équipés de transats vous invitent à vous reposer tout en vous baignant de soleil.

Superficie du bassin: Superficie totale de plus de 900 m

Profondeur: Jusqu'à 1.35 m

Température de l'eau: 18 – 38° C

Horaires d'ouverture
Lundi – Dimanche 8 h - 22 h,
31 décembre 8 h - 20 h. Les entrées ne sont plus acceptées après 18H 30.
Dernière entrée deux heures avant la fermeture des bains,
Les Thermes de Caracalla sont fermés le Vendredi Saint et les 24 et 25 décembre.

Garderie " Paradis des enfants "
Au " Paradis des enfants ", un large éventail de jouets et de jeux est mis à la disposition des tous petits. Que ce soit pour peindre, faire de la pâte à modeler ou des puzzles, sauter dans "le château", jouer à la poupée ou aux Legos, les enfants sont toujours surveillés. Pendant ce temps, les parents peuvent tranquillement se baigner, aller au sauna ou se remettre en forme.

La Boutique des bains:
Horaires d'ouverture: tous les jours 9 h - 20 h 30

Le Bistro:
Horaires d'ouverture: tous les jours 10 h 30 - 21 h 30

Le "Paradis des enfants", La Boutique, Bistro: fermé le Vendredi Saint et les 24 et 25 décembre.

Parking
Les utilisateurs des thermes bénéficient de deux heures gratuites.

En un coup d'oeil: Les saunas romians

Prenez vous le temps d'apprécier l'ambiance exclusive de cet espace sauna dans le style romain aux mosaïques et colonnes, décoré de pièces de musée et d'antiquités. La partie extérieure située dans le beau jardin du Château à l'agréable atmosphère reposante constitue une attraction supplémentaire à ne pas rater.

Sauna cristal 90°C
Le sauna cristal vous permet de bénéficier simultanément des bienfaits d'un sauna combiné aux ondes positives du cristal blanc.

Sauna finlandais classique 85°C
L'arrosage dans ce sauna est un événement tant pour le corps que pour l'esprit. Toutes les trente minutes, de l'eau ainsi que des huiles aromatiques s'écoulent automatiquement d'un récipient lumineux en pierre naturelle sur le poêle à sauna brûlant.

Sauna aromatique 85°C
Entrez dans un monde olfactif et découvrez tous les jours des nouvelles senteurs. Les huiles aromatiques chauffées avec de l'eau dans un chaudron en cuivre sont mélangées à l'air.

Sauna repos 95°C
Dans ce sauna le repos est la priorité absolue. Le silence total vous permet de ressentir encore plus intensément la chaleur élevée et vous procure ainsi une sensation de détente inégalée.

Sanarium 57°C
Le sanarium est l'alternative idéale pour les personnes qui n'apprécient pas l'air sec et trop chaud du saune classique. La température de 57°C et l'humidité de l'air à 55 % créent une atmosphère particulièrement douce pour la détente et la relaxation.

Bain de vapeur en verre 47°C
Le bain de vapeur en verre n'est pas un bain de vapeur ordinaire. Construit tout en verre, il crée une ambiance particulièrement reposante. L'humidité de l'air à 100 % et la température agréable de 47°C représentent une atmosphère idéale favorisant votre bien-être personnel. Un bouton pression vous permet de diffuser plus de vapeur chaude si vous le désirez.

Blue Space - l'espace repos liquide
Entrez dans un fascinant univers des sens. Des sons magiques, des tons bleus, ainsi qu'une légère vibration contribuent à produire une atmosphère unique. Détendez- vous sur un des sièges lumineux et laisser vagabonder votre esprit. Les sons spéciaux de Blue Space ne sont pas uniquement diffusés dans l'espace mais se font également ressentir tout le long de votre corps.

Saunas en rondins de bois dans le jardins du Château
Les saunas en rondins de bois de pin cembro créent une ambiance rustique. L'odeur typique du pin polaire finlandais en fait des saunas très attrayants. Se détendre dans le sauna de feu ou de forêt constitue une expérience pittoresque inoubliable.

Sauna de feu 95°C
L'ambiance est d'autant plus rustique que le poêle du sauna de feu crépite et crée une romantique atmosphère de feu de camp finlandais.

Sauna de forêt 85°C
La technique moderne et l'esthétique de la ferronnerie traditionnelle sont efficacement combinées dans ce sauna.

Horaires d'ouverture
Lundi – Dimanche 8 h - 22 h, 31 décembre 8 h - 20 h. Les entrées ne sont plus acceptées après 18 h 30.
Dernière entrée deux heures avant la fermeture des bains, Les Thermes de Caracalla sont fermés le Vendredi Saint et les 24 et 25 décembre.

L'entrée aux saunas est comprise dans le prix Thermes de Caracalla.

En un coup d'oeil: Offre d'ArenaVita

Activité et santé sont les principes de base de l'ArenaVita; un espace fitness où peu importe votre âge ou vos exigences d'entraînement personnelles, vous vous sentirez parfaitement à l'aise. Le vaste programme wellness de l'ArenaVita combine l'activité tant aux agrès que sous forme des différentes cours avec la totale détente dans les bassins et saunas des Thermes de Caracalla.

Des locaux de 1500 mètres carrés entièrement climatisés offrent une panoplie d'agrès d'entraînement sophistiqués, de spacieux vestiaires, et vous accueillent dans une ambiance vous facilitant la réalisation de vos objectifs personnels. Un vaste secteur cardio-vasculaire, une quantité importante d'appareils de musculation de qualité ainsi que les conseils et le soutien d'une équipe d'entraîneurs formée de professeurs d'éducation physique diplômés et de physiothérapeutes sont à votre disposition.

Chaque nouveau membre de l'ArenaVita subi un examen approfondi de sa condition physique. En fonction des résultats, un programme d'entraînement individuel est établi afin d'atteindre au mieux ses besoins personnels d'activité et les buts qu'il s'est fixés. Si nécessaires, seront appliqués des séances de rééducation ou de physiothérapies. Résoudre les problèmes de santé les plus courants de la société actuelle est la grande priorité chez ArenaVita : un dos fort grâce à des agrès spécifiques et à des entraîneurs parfaitement formés. Les problèmes de dos sont traités de façon bien précise permettant d'enregistrer une amélioration durable. Vous noterez très rapidement des progrès dans ce domaine.

Perdre du poids tout en restant en bonne santé sera possible grâce au programme établi en accord avec notre diététicienne diplômée, englobant de l'exercice physique et un régime alimentaire adapté à vos besoins.

Entraînement cardio-vasculaire. En fonction des données de votre condition physique et au vu de vos attentes, nous élaborons un programme d'entraînement individuel tout en surveillant vos pulsations cardiaques.
S'entraîner ensemble : de l'aérobic au Tai-Chi en passant par le walking et le yoga, vous trouverez chez ArenaVita toute une palette de cours permettant de safisfaire les plus exigeants.

Un calendrier de manifestations bien rempli: conférences, atelier, événements et activités extérieures font partie intégrante des programmes de l'ArenaVita.

Heures d'ouverture
Lundi - dimanche: 8 h - 22 h, 31. décembre: 8 h - 20 h (ArenaVita est fermée le Vendredi Saint et les 24 et 25 décembre)

Une entrée, Cartes pour le week-end, Carte pour dix entrées sans/avec les Thermes

Carte rose, Carte classique, Carte dorée

Parking
Pour les utilisateurs de ArenaVita les deux premières heures sont gratuites.

En un coup d'oeil : CaraVitalis – Wellness et Thérapies

Un monde de silence – un monde pour les sens. Entendre le discret bruissement de l'eau thermale, ressentir sur sa peau la chaleur relaxante d'un enveloppement ou l'effet bienfaisant d'un massage du corps tout en douceur avec des huiles aromatiques parfumées : voilà ce que l'on entend par wellness. Oublier le rythme effréné du quotidien et retrouver l'harmonie du corps et de l'âme. Tout cela vous attend dans le monde de wellness de CaraVitalis. Profitez de nos offres diverses de thérapies traditionnelles et applications de wellness. En débutant par nos programmes bien-être, en passant par le thalasso-thermalisme, aboutissant aux traitements et thérapies.

Programmes bien-être
Des vacances pour le corps, l'âme et l'esprit. Le bien-être dépend de l'harmonie du corps, de l'esprit et de l'âme. C'est la base de la pensée Wellness. C'est cette maxime qui nous guide. Le matin : exercices physiques et remise en forme, l'après-midi vous profitez de la belle ville de Baden-Baden. Après ce programme agréable vous allez pouvoir affronter la vie de tous les jours avec une nouvelle énergie.

Journée vitalité - Eau thermale pure - Journée beauté - Week-end wellness actif - Journée wellness - Harmonie pour deux (2.pers.) - Journée cocooning - Week-end Tandem

Thalasso-Thermalisme
Décompresser dans l'atmosphère unique de l'historique Friedrichsbad, respirer la mer à pleins poumons en utilisant son énergie et sentir l'effet purifiant. Le Thalasso-Thermalisme est comme de belles vacances. Il est à la fois cure de santé et de beauté.

Thalasso-Thermalisme - Thalasso-Thermalisme – journée découverte - Week-end Thalasso-Thermalisme - Thalasso-Thermalisme – Cure de 3 jours - Thalasso-Thermalisme – Cure de 4 jours - Semaine de Thalasso-Thermalisme - Thalasso-Thermalisme – Cure de 6 jours

Séances de soins wellness
Bouger et se faire bouger. Savourer un bain de Cléopâtre ou faire le plein d'énergie avec le shiatsu et activer ses défenses naturelles. Les applications de wellness qui vous sont proposées sont aussi diversifiées que le sont les personnes et les goûts de chacune. Leurs effets sont multiples, mais elles contribuent toutes à l'accroissement de la qualité de vie.

Massage aromatique – Réflexologie plantaire - Shiatsu corps entier - Massage corps entier - Séance vitale de Kneipp - Bain impérial - Séance de fango naturel - Massage du dos - Tui Na - Thérapie du champ magnétique - Traitement anti-cellulitique - Traitement de Dorn et Breuß - Shiatsu thermal - Thérapie La Stone (d'après Nelson) - Bain de Cléopâtre - Massage Lomi-Lomi - Pantai Luar - Bain au petit lait (chèvre) - Bain de crème à l'huile d'onagre - Enveloppement d'algues - Shiatsu du visage - Enveloppement softpack «Happy-Aging» - Belle Visage

Horaires d'ouverture
Le programme bien-être est disponible tous les jours (sauf le Vendredi Saint et les 24 et 25 décembre). Merci de bien vouloir réserver vos dates à l'avance.

Parking
Pour les utilisateurs des bains les deux premières heures sont gratuites.

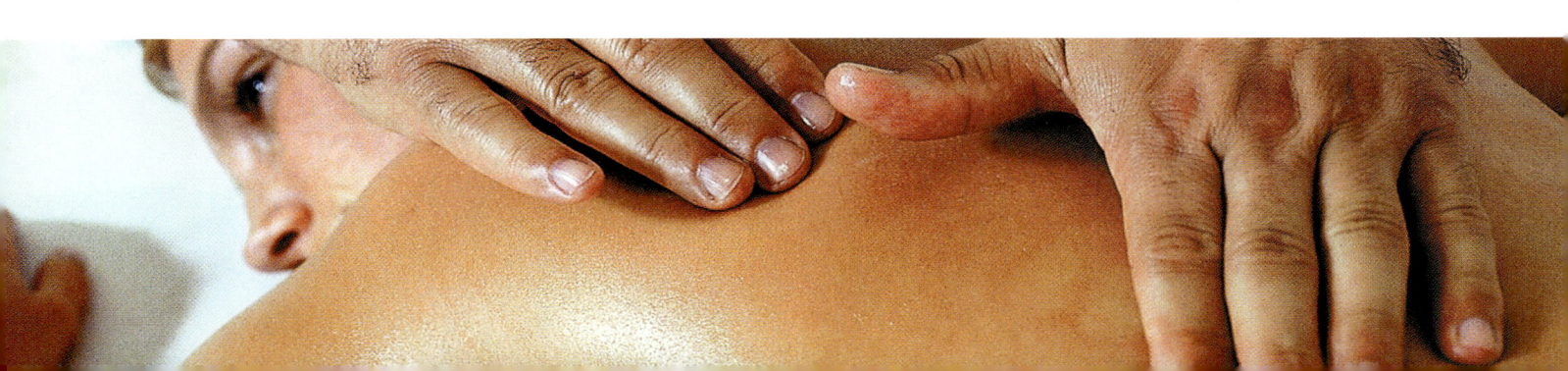

Краткий перечень всех предложений в Каракалла Термах

Под куполом
Большой купальный бассейн и бассейны для оздоровительных процедур, скальные гроты с горячей и холодной водой, массажные струи, массажные души для спины и шеи, термальный фонтан., зоны отдыха, ароматическая паровая сауна, солевой ингаляторий, солярии, массажная комната.

Наружные купальни
Два больших купальных бассейна, водный поток, водопад, два массажных бассейна, озелененные площадки с шезлонгами для загорания.

Общая поверхность водного зеркала свыше 900 кв.м.

Глубина до 1,35 м.

Температура воды 18-38° C

Время работы
Круглый год
С понедельника по воскресенье с 8 до 22, Впуск посетителей кончается за 2 часа до закрытия
31 декабря – до 20 часов, впуск кончается в 18.30, В Страстную пятницу и 24/25 декабря – закрыто

Магазин купальных принадлежностей,
расположенный в вестибюле, работает ежедневно с 9 до 20.30.
Бистро Работает ежедневно с 10.30 до 21.30

«Райский уголок», магазин и бистро закрыты в Страстную пятницу и 24/25 декабря.

Парковка: Из гаража на 220 мест есть прямой выход в Каракалла Термы. Он открыт только для посетителей Каракалла Терм. 2 первых часа бесплатно,

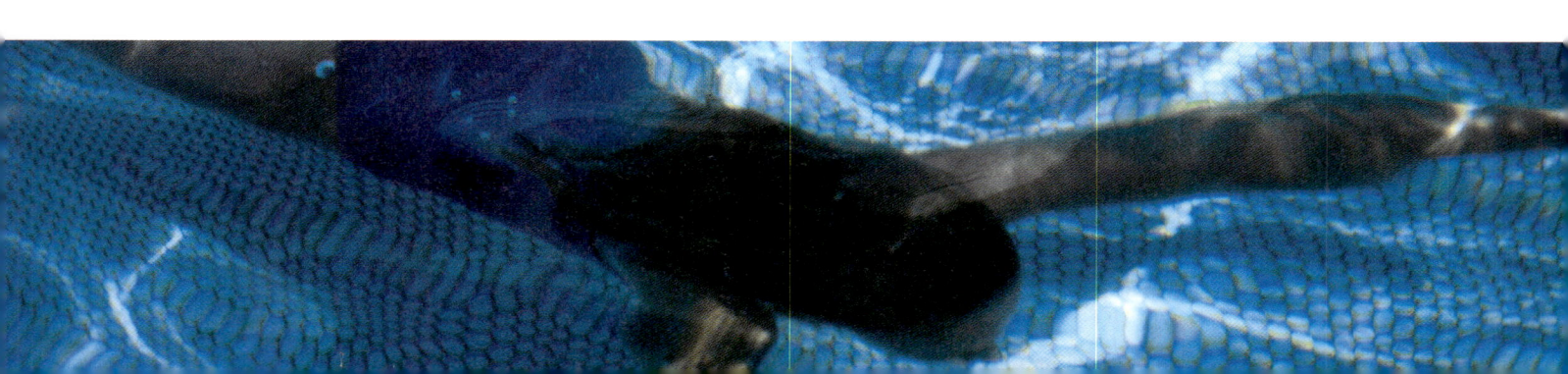

Краткий перечень саун в Каракалла Термах

Посетителям Каракалла Терм предоставляется для пользования 9 саун на «римском» этаже и 2 сауны в парке Нового замка.

Кристальная сауна 90°C
Излучаемые белым кристаллом волны позитивно действуют на организм. Ежечасно производится добавка различных ароматических веществ.

Сауна с автоматической ароматизацией 85 °C
Каждые полчаса на раскаленную печь сауны через световой корпус из камня автоматически капает вода и ароматические масла.

Ароматическая сауна 85°C
Ежедневно меняющаяся ароматическая гамма. Ароматические масла, смешаные с водой и помещенные в подогреваемый медный котел, постоянно нагреваясь, ароматизируют воздух.

Сауна для отдыха 95°C
Абсолютная тишина. Ароматические вещества автоматически добавляются каждые полчаса.

Санарий 57°C
Идеальная альтернатива горячей сауне. Температуре приблизительно 57° C, влажность воздуха 55%, галогенные стеклянные трубки, регулярно меняющие цветовую гамму. Снимает напряжение, положительно действует на кожу, выводит шлаки.

Ароматическая паровая баня 43°C
Меняющаяся ароматическая гамма, вместо сухого жара – влажное тепло, температура 43-46°, влажность 100%.

Стеклянная паровая баня 47°C
Полностью выполнена из стекла, особая атмосфера, температура 47°, влажность 100%, парной эффект строго индивидуализирован: нажатием кнопки желающий направляет на себя струю пара.

Комната отдыха «Голубое пространство» – Blue Space – Room
Приносит духовное обновление: магическая цветомузыка, легкая вибрация светящихся кушеток для отдыха, окрашенные в голубые тона стены и кушетки, приятная для тела температура, текучий муаровый орнамент на потолке.

Огненная сауна 95°C в парке:
Камин с горящими поленьями в оригинальном романтическом интерьере.

Лесная сауна 85°C:
Впечатляющая система подливки ароматических масел, оптимальный нагрев воздуха. Во время подливки – подсветка воды и камней.

Время работы
Круглый год. С понедельника по воскресенье с 8 до 22, Впуск посетителей кончается за 2 часа до закрытия 31 декабря – до 20 часов, впуск кончается в 18.30. В Страстную пятницу и 24/25 декабря – закрыто

Пользование саунами входит в оплату входного билета в Каракалла Термы

ArenaVita – краткое описание

Климатизированный центр оздоровления и повышающих жизненный тонус спортивных упражнений общей площадью 1 500 кв. м., занимающий 3 и 4 этажи бывшего здания терапевтических процедур Каракалла Терм. Просторные раздевалки, оснащенные современным оборудованием тренировочные залы, многочисленные силовые и двигательные тренировочные снаряды на высоком техническом уровне – все это обеспечивает приятную атмосферу отдыха. Упражнения проводятся под руководством группы профессиональных тренеров (дипломированных спортсменов и физиотерапевтов).

Каждый впервые пришедший в центр проходит полное медицинское обследование и вырабатывает с опытным тренером индивидуальный комплекс упражнений, а если это необходимо, специальный план реабилитационных и физиотерапевтических процедур.

Среди программ «ArenaVita» центральное место занимают следующие: «Улучшение состояния при болях в спине», «Сердце и система кровообращения», «Похудение без ущерба для здоровья» (под руководством специалиста по питанию). Кроме этого читаются лекции, проводятся диспуты, массовые мероприятия, как в помещении, так и на открытом воздухе.

Часы работы
С понедельника по воскресенье с 8 до 22 часов, 31 декабря с 8 до 20. В Страстную пятницу и 24/25 декабря – закрыто

За целый день пользования, Входной билет на выходные, 10-разовый билет
без/с посещением Каракалла Термами

Членские билеты
Сиреневая карта, Классическая карта, Золотая карта

Парковка
Собственный гараж на 220 мест. Для посетителей „ArenaVita" первые 2 часа бесплатно.

«CaraVitalis» – краткое описание

«Полное умиротворение эмоций», приводящее в гармонию тело, дух и душу. В программе „CaraVitalis" – мире Wellness Каракалла Терм гармонически сочетаются поддержание на самом высоком уровне состояния здоровья и всесторонние терапевтические процедуры.

Программы для хорошего самочувствия
Тренировки, восстановление сил, наслаждение красотами Баден-Бадена. Во всех программах для хорошего самочувствия предлагается бесплатный напиток, напрокат банный халат и полотенце (под залог).

День здоровой жизни – День термальной воды – День красоты – Активное времяпрепровождение по выходным дням – День Wellness– День гармонии (2 человека) – День предупреждения желаний – Вдвоем в выходной.

Талассо-Термализмус (Thalasso–Thermalismus)
Комбинация животворящего воздействия моря (морских водорослей) с действием термальных вод Баден-Бадена.

Талассо-Термализмус – день ознакомления – Талассо-Термализмус – день активного оздоровления – Талассо-Термализмус в выходные – 3 дня Талассо-Термализмус – 4 дня Талассо-Термализмус – неделя Талассо-Термализмус – 6 дней Талассо-Термализмус.

Терапевтические процедуры в широком спектре
Широкий спектр различных Wellness – программ, способствующих поднятию жизненного тонуса: программы для улучшения здоровья, снижения напряжения,по уходу за телом, энергетические и реабилитационные программы, программы для повышения работоспособности..

Ароматический массаж – Массаж зон ножных рефлексов – Шиацу для всего тела – Массаж всего тела – Оздоровительные процедуры по Кнейпу – Царская ванна – Процедуры с природным фанго – Массаж спины – Туи На – Терапия с помощью магнитных полей – Противоцеллюлитная терапия – Дорна-Бройса-Терапия – Шиацу с термальной водой – Ла-Стоун-Терапия – Ванна Клеопатры – Массаж Ломи-Ломи – Пантай Луар – Ванна с кремом из козьего масла – Ванна с эфирным маслом ослинника (Nachtkerze) – Обертывание из водорослей – Обработка лица Шиацу – Программа «Счастливое старение» – Бел Визаж – Натуральное фанго – Лечебная гимнастика и двигательная терапия – Купание в лечебных ваннах – Чередования тепловых и холодных процедур – Электротерапия

Открыто: Ежедневно (кроме 24 и 25 декабря). Предварительная запись

Парковка
Из гаража с 220 местами есть прямой выход в Каракалла Термы. Он открыт только для посетителей Каракалла Терм. 2 первых часа бесплатно, каждый следующий час – 1евро.

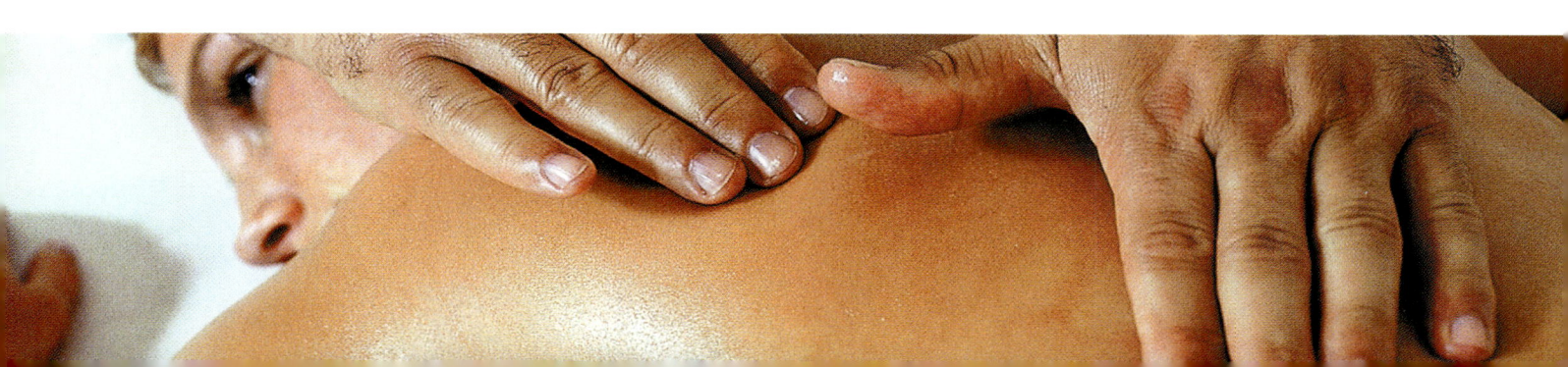

Information

Caracalla Therme Baden-Baden
Carasana Bäderbetriebe GmbH
Römerplatz 1, 76530 Baden-Baden

Information: Phone ++49 (0)7221 27 59 40
E-Mail: info@carasana.de
Internet: www.carasana.de

Impressum

Die Deutsche Bibliothek

Söhner, Manfred: Caracalla Therme Baden-Baden. Geschichte – Gegenwart – Zukunft.
AQUENSIS Verlag, 2005, ISBN 3-937978-16-X

Copyright by AQUENSIS Verlag Pressebüro Baden-Baden GmbH 2005
Printed in Germany

Alle Rechte der Verbreitung, auch durch Film, Funk, Fernsehen, photomechanische Wiedergabe, Tonträger jeder Art, elektronische Daten, im Internet, auszugsweise Nachdruck oder Einspeicherung und Rückgewinnung in Datenverarbeitungsunterlagen aller Art, sind verboten.

Redaktion: Pressebüro Baden-Baden GmbH
Lektorat: Gereon Wiesehöfer
Übersetzung: Claudia Bohlender (englisch), Sabine Querol (französisch), Elena Javoronkova und Eugenij Pazuhin (russisch)
Scans: RTB Baden-Baden
Titel-Gestaltung: Oliver Storz/Jakob Bosch
Layout/Gestaltung: Oliver Storz (Pressebüro Baden-Baden GmbH)

Fotos: CARASANA Bäderbetriebe GmbH, BBT, A. Dresel, Stadt Baden-Baden, Stadtarchiv, Pressebüro Baden-Baden GmbH, Söhner, Verlagsarchiv
Bau-Skizze: Otto A. Braun, mit freundlicher Genehmigung von Roswitha Braun
Druck: Medienhaus von Kaiz

Quellen: Bäder- und Kurverwaltung Baden-Baden: "Caracalla Therme", 1985; Presseinformationen der Bäder- und Kurverwaltung Baden-Baden, 1985ff; "Die Bäder- und Kurverwaltung Baden-Baden", INFO-Verlag Karlsruhe, 1988; "Der Stadtkreis Baden-Baden", Jan Thorbecke Verlag, 1995; www.bad-bad.de Der ultimative Stadtführer Baden-Baden; Söhner/Lindemann: "Wenn das der Kaiser Caracalla wüßte", INFO-Verlag Karlsruhe, 1989.

ISBN 3-937978-16-X

www.aquensis-verlag.de